SYDNEY 의 도반들 !

　함께 걷는다
　　人生길을...
웃기도, 울기도 한다오
　自然(자연) 과
　　사람들, 특히 내감깊은
　　사문(沙門) 들이다.
그中엔 내가 시드니 까지 꽃고 온
　　옛 물품(物品) 들도 한몫 한다.
장폭, 맷돌, 등잔, 등불 등....
　　　그 속엔
나의 동심(童心) 이 어려있고
조상님(祖上님) 들의 얼이 담겨 있고
또 사백(師伯) 의 훈솔이 일렬로 따라 나선다.
　그 모두가 나의 도반이다.
그걸 모아 종이 속에 가둬둔 김윤희
대표님께 감사 드립니다...

SYDNEY의 도반들

SYDNEY 의 도반들

기후 지음

맑은소리
맑은나라

Dharma Friends in Sydney

Dear my Dharma friends in Sydney
Walking through together, the path of life···
There are times we laugh and times we cry.
Nature and people, especially monastics with shaved head.
Among them, those old relics I brought all the way to Sydney also play a part.
Jangdokdae(Korean traditional earthern jars used to have food preserved and kept fresh), millstone, oil lamp, and more···

Within them,
resides my innocence from childhood,
and filled with spirit of my ancestors.
And a thread of life follows in line with soul.

All of them are my Dharma companions.

My special and sincere appreciation to Pure Mind, the publisher for gathering and keeping all these memories in this paper.

30th of January, 2025
Kihoo from the Blue Mountains, Sydney

머릿말

Sydney의 도반들!

함께 걷는다.
人生길을….

웃기도, 울기도 한다.

자연自然과 사람들,
특히 머리깎은 사문沙門들이다.

그 中엔 내가 시드니까지 갖고 온
옛 물품物品들도 한몫 한다.
장독, 맷돌, 등잔 등等 등….
그 속엔
나의 동심童心이 어려있고
조상님祖上任의 얼이 담겨있고
또 생명生命의 혼줄이 일렬로 따라 다닌다.
그 모두가 나의 도반이다.
그걸 모아 종이 속에 가둬둔
맑은소리맑은나라에 감사드린다.

                        2025년 1월 30일
                        상락정에서 기후

목차

머릿말 08

무풍한송舞風寒松	18	58	우정
엿기름	22	62	세필細筆
난 누구인가?	24	66	호박꽃도….
금개구리 절	26	68	원두막 귀신鬼神
반점	30	72	기념紀念의 영역
등잔불	32	74	툇마루(행자실)
뿌리	34	76	동자童子에게 묻다
개와 불성佛性	37	78	아란야阿蘭若
월하月下스님(조계종 9대 종정)	38	82	가야산 해인사
개다리소반	42	84	보광전 공양주
반고굴蟠古窟	44	88	바디
걸망 속의 해골	46	90	원앙새
박匏바가지	48	92	자리 바디
양푼이의 독백獨白	50	94	꽃과 가시
엿장수 가위	52	96	맷돌
성화性華처럼 聖火	55	99	다리미
오줌싸개	56	100	나랏 말쌈이 중국과는…

채	102	143 차마고도茶馬古道	
대꼬바리	104	144 연꽃향기香氣	
자연自然	106	146 동심童心	
땡땡땡	110	148 도반	
허물	112	150 밀양 무봉사	
피난표지	115	152 어무이와 어머니	
석등石燈	116	154 탄허呑虛 스님	
풀솔	118	157 졸업장卒業狀	
저울	120	158 옻독	
절 뒤주	122	162 독초毒草의 위력威力	
달마의 수염	124	164 頂宇 스님	
주판珠板	126	166 탈脫	
폈고리	128	168 블라디미르와(러시안)…	
수저	130	171 달마達磨	
호랑이야 놀자	134		
6년간의 침묵沈默	136	173 **부록**	
은빛대학	140	238 **에필로그**	

일러두기

『시드니의 도반들』에는 과거와 현재가 공존합니다.
오랜 시간을 강원의 강사와 선방의 수좌로 살아온 기후 스님과 도반 스님들의 흑백사진, 이역만리 시드니로 건너가 30년의 세월을 전법으로 일관해 오신 재가 불자들과의 컬러사진이 부조화 속 조화인듯 공존해 있습니다.

억겁의 시공 속에 제행무상諸行無常의 법칙을 안고 사는 우리네들, 그 사소한 것들을 이렇게 사진으로 남겨 두는 것이 무슨 의미가 있으리요 마는 잠시 머무는 것이 못내 아쉬워서 더 오래 머물 수 있는 것에 내 영혼을 담아두고 싶은 한 가닥의 중생심이 발작을 했는지도 모를 일이다.

무풍한송 舞風寒松

천년의 세월을 이고
만중생의 고뇌를 품어준
영축산靈鷲山 통도사.
그 길목에서 무풍한송을 만났다.
고통의 짐은 여울물로 실어내고
번민의 정情은 솔바람에 날린다.
그 길을 걷다가 만난 두 그림자.
덕수德修와 기후基厚다.
둘은 지금까지도 가끔 통화한다.
걷던 길을 멈추기 전에 한번
만났으면 좋겠다고….

그때가 언제일까?
토끼뿔, 거북털이로다.

내 곁(사진 오른쪽)에서 함께 걸어가는 덕수 스님. 미국 라스베가스 근처에서 수행하다가 지금은 봉선사 선원에서 조용히 보임保任을 수행하고 있다.

엿기름

겉보리에 싹을 내어 멍석에 말린다.
그걸 빻아 가루를 만들면 엿기름이 된다.
단술, 조청, 엿을 만드는 일등一等 공신功臣은
바로 엿기름이요,
엿기름을 있게 하는 삼총사는
멍석과 보리와 할머님의 손길이다.
할머니의 손바닥엔 어떤 꿀샘이라도
숨겨져 있는 것일까?
겉보리가 엿이 될 수 있게 하는 그런 비법을
누가 언제 만들었을까?
오래되거나 슴쳐지면 변한다.
옛날엔 오래된 白여우가 사람 해골을 뒤집어쓰고
세번을 사까다치(도립倒立)해 버리면
예쁜 색시로 둔갑했다니 아이고오 무서워라.

난 누구인가?

나는 누구인가?
나는 누구인가?
나는 누구인가?
오직 알 수 없는 일념一念만 또렷함이여!
그 속에 참나가 숨어 있고
참행복의 향기香氣가 어려 있다.
문명文明의 발달과
문화文化 창조를 가꾸는
무한無限 에너지도
그 속에 함께 하고 있으니
어느 곳 무슨 일이나
오직 일념된 정성을 다하자.

?

금개구리 절

떠밀려 닿은 곳
금개구리 절.
1967년 여름이었다오.
자장의 얼
암벽 속에 새겨두고
1000년 하고도 반을
지내왔다.
그해 여름 세번 만난
금개구리
나에게 이렇게 귀띔했다.
"자장은 지금도 이렇게 살고 있네.
개골皆骨, 개골, 개골, 개골皆骨."

반점

붉은 색의 이파리에
서너 개의 반점이 생겼다.
심장心臟의 핏줄이 멍들어
바닥으로 떨어졌다.
삶의 질곡에서 만났던
희노애락喜怒愛樂의 여러 감정感情들.
그 푸르렀던 색상色相들이
붉음으로 변했다.
허나 그 바탕은 본래 하나였다.
하나됨!
그것은 생명生命의 본성이고 존재의 실상이다.
하나에서 만상을 엿보고
다름에서 동일성을 음미하면 참으로 좋으련만.

등잔불

희미한 호롱불에
바늘실 꿰면서
졸으시던 우리 할매.
기름 닳는다. 어서 자라고….
한 이불에 발 모두고 새우처럼
밤 지샜다.
코에다 발을 대고 꿀잠을 잤던 시절
발꼬린 내 텁텁한 정情
심장에 스며든다오.
어두울 때 인정人情은
샛별처럼 빛이 났고
大明천지 밝은 오늘
부자父子 간에 재판하네.

뿌리

강한 비바람에도
넘어지지 않는 것은
대나무가 제일이니
그 뿌리수가
많고 깊기 때문이며
매화梅花 향기香氣가 진한 것은
추운 겨울을 보냈기 때문이다.
참된 人生을 살아가게 하는
그 뿌리는 무엇일까?
答은 많을 것이다.
그 中의 하나를 꺼내라 하면
'자신自身의 마음 흐름을
 에누리 없이 잘 살펴보자.'

개와 불성佛性

조주원趙州院,

조주가 사는 곳.

조주와 젊은이가 차를 마신다.

그때 개가 마당을 지나갔다.

젊은이가 물었다.

개도 불성이 있습니까?

無!….

그 유명한 무자無字 화두의

시원始原이다.

대혜大慧가 강조한다.

참으로 없다는 무도 아니요

유, 무有無의 무도 아니로다.

大慧에게도 趙州에게도 속지말자???

월하月下스님
(조계종 9대 종정)

행자行者가 사미沙彌로
사미가 비구比丘로
비구가 修者(수자＝선객)로
나의 호칭을 여러 번 바뀌게 한
통도사 보광전.
그 곳에서만 2년 동안 행자 생활을 했다.
오기傲氣 때문이었다.
어느 날, 광목 두루막을 잘 다려 입고,
별당(월하스님 방)에 들어갔다.

정성껏 3배를 드린 후 기어드는 목소리로
"저가 스님 상좌가 되고 싶습니다."
"근래엔 상좌를 안 뒀는데."
충청도 식 점잖은 거절이었다.
오기로 1년을 더 버텼으나 끝내 허락은 없었다.
자신의 무게를 잘 모르는 나의 큰 실수였다.
너 자신을 알아라.
참으로 위대한 진리적 말씀이다. 테스뫼!

맨 뒷줄 오른쪽에서 첫 번째 승려가 서울 육조사 현웅선객이고, 그 다음이 본인이며, 내 곁에 서있는 스님이 바로 일등 수좌인 혜수스님이다.

월하스님의 시봉으로 수계가 늦어져 큰 방에서 스님들과 함께 서장을 배우고 나서 수료기념 사진을 찍을 때 행자의 신분으로 동참할 수 있었다. 스승이신 운조님의 배려 덕분이었다.

개다리소반

개다리 모양이라
개다리소반이다.
밥상, 술상, 과일상, 식혜상….
어릴 때 무척 부러웠던
그 상床이다.
어른이 받고
쌀 섞인 밥과
좋은 부위의 괴기(고기)를
먹을 수 있었기 때문이다.
생명生命 유지의 기본적인 三大 조건 中
음식이 가장 큰 무게를
차지한다는 반증이다.

식사 때마다 合掌하고
"고맙습니다." 하는 一숟이 건강을 지키고
가정을 화목하게 하는
좋은 보약補藥이 될 것입니다.

반고굴 盤古屈

원효元曉대사가 이 굴에서
수행修行했다고 전해 내려온다.
그 울림으로 통도사 선원이나 강원에서
가끔씩 그곳에 올라가서 원효의 법향法香을 느껴본다.

상당히 큰 석굴이 높고 깊은 산속에 있다 보니
이른 봄에도 얼음 덩어리가 많이 남아있다.
그땐 얼음을 녹여서 라면을 끓여 먹고
사이다 병을 거꾸로 잡고 옛 노래를 부른다.
'한 많은 대동강아 변함없이 잘 있느냐? ♪ ♪ ♪'
또 가을엔 김밥을 싸들고 그곳을 방문한다.
그땐 새들이 납자衲子들에게 목청을 가다듬고
노래를 불러준다.

"지지자知之者는 지지知之하고
 부지자不知者는 부지不知하라."
아는 것은 안다 하고 모르는 것은 모른다고 하라.
지지배배 지지배배 ~~~

원효는 말한다. '메아리 돕는 바위굴로 염불당을 삼고
재잘거림의 새들의 노랫소리에 귀를 기울이라'고….

원효의 발심이 깃든 반고굴에서 김밥을 먹었다.
1400년이나 지나고도 원효의 가르침은 반고굴
에서 여전히 간절하게 울리고 있다.

걸망 속의 해골

미남 형形에다 염불도 잘했다.
가끔씩 여고생이나 젊은 여성들이
절 안내를 해달라며 졸졸 따라 다녔다.
어느 날 그가 나에게 말했다.
"스님, 저는 걸망 속에 해골을 짊어지고
 다닙니다. 여성들의 애교에 넘어가지
 않기 위해서요."
그 뒤 여러 해가 흘렀다.
동대구역에서 그와 마주쳤다.
양복을 입고 머리를 기른 채로….
그의 곁엔 예쁜 젊은 女人이
고개를 다소곳이 숙이고 서 있었다.

'강한 부정은 강한 긍정'이라는 옛말을
부정否定 할 수 없음을 증명으로 보여주었다.
(솥을 들고 있는 이)

내가 승가대학 강사를 하고 있을 때 우리 반 전원이 먹을거리를 싸들고 산에 올랐다. 솥 단지를 들고, 쌀을 지고 긴 지팡이들을 짚고 백운암 근처에서 나름 멋진 포즈를 취했다.

박珀바가지

초가지붕 위에 또 하나의 달이 떴다.
박달이다.
물을 푸고 고구마나 감자를 담는 등
생명生命의 파수꾼이었다.
바늘로 찔러 봐서 그 끝이 들어가지 않을 때쯤
따야 된다.
金이 나오려나 기대를 하면서 톱으로 자른다.
속살은 파내고 끓는 물에 푸욱 삶은 후
놋쇠 숟가락으로 껍질을 긁어내고
햇볕에 말린다.
콩죽을 쑬 때 다른 큰 그릇에 퍼 담고 나서
박바가지에 묻어 있는 콩죽을
놋쇠 숟가락으로 살살 긁어 먹을 때의 그 구수한 맛!

둘이 먹다가 셋이 죽어도 모른다.
그런 콩죽을 먼저 맛보다가
시어머니에게 들켜버린 며느리,
콩죽을 뒤집어쓰면서 콩죽 같은 땀이 흐르네.

양푼이의 독백獨白

시어머니의 시어머니로부터
전해 받았던 유산품 中
하나이다.
족보나 제사 그릇이
대代물림의 소중한 물품이 되었을 때이다.
그래서 황해도 해주에서 仁川으로,
인천에서 다시 Sydney까지
따라 오게 되었다.

플라스틱에게 그 자리를
내어준 양푼이의 독백.

"내 신세가 처량하나
 난 당당하다. 이렇게
 책에도 나오고오…."

엿장수 가위

찰깍, 찰깍, 찰깍. 찰깍 ♪ ♪ ♬ # ….
매미가 자지러지게 울고 있는
고목古木 감나무 아래,
호박엿 장사가 지게를 고아 놓고
신나게 가위질을 해댄다.
건너 집 간지, 앞집의 상구, 뒷집의 용창이가
말벌에 쏘인 듯 급하게 뛰쳐나와 그곳으로 向한다.
누런 호박엿판을 바라본 그네들,
입맛을 몇 번 쩍쩍 다신 그들,
또다시 집으로 쏜살같이 달려간다.
사랑방, 마루 밑에선 할아버지가 감춰둔 헌 고무신을,
큰방 벽장 속엔 할머니가 숨겨둔 머리카락을

허둥지둥 찾는다.
엿장수 가위 소리와 매미의 노래가
더 크게 울려 퍼지는 한 여름의 산골 풍경.
그 소릴 심장에 새기면서 세월을 삼켰다.

성화性華처럼 聖火

먼 길 마다 않고
여러 번 다녀갔다.
저 때가 열 번째요,
그 뒤로도 다섯 번 더 있다.
잿빛 속에 스며 있는
향내음 덕이다.
그 왕래의 길에
자비의 구름이 깔린다.
그 위에 또 지혜로운 말씀을
남길 모양이다.

불일증휘佛日增揮 법륜상전法輪常轉
눈길과 손길 마음길이 비단 같다.

오줌싸개

난 中 2때까지 오줌을 쌌으니
꼬마 땐 더 말할 필요가 없다.
긴긴 겨울밤, 잠들면 배고픈 줄 모른다고
멀건 국수물을 많이 먹다가 보니
그 횟수가 더욱더 잦아졌다.
방房이 추워서 핫바지를 입은 채로 자다가 보니
그 뒷일이 더 어설프다.
이른 아침 눈을 떠서 또 실례 한줄 알게 되면
슬그머니 부엌에 나가는 어머니 뒤를 따라 나선다.
어머니의 엷은 미소가 내 눈과 마주친다.
또, 또, 또….
부엌 앞에서 쪼그리고 앉아서 불을 지피면
아랫도리에서 김이 무럭무럭 나와서
그곳이야 말로 천하제일 명당明堂이다.

일요일에 그렇게 되면 키를 뒤집어쓰고 골목길을 나선다.
그것도 외아들 집에 가서 소금을 얻어야 더 큰 효과가 있단다.
그 집을 찾아가면 작은 접시에 소금을 담아준다.
뒤돌아 올 때 부지깽이로 키 등짝을 크게 내리치면서
다시는 오지 말라고 놀라게 해준다.
그날은 하루 종일 그 소금이 반찬이다.
옛과 지금, 와룡산과 블루 마운틴을 번갈아 바라보면서
오줌싸개였던 지금의 자신도 내려다본다.
옅은 미소가 구름에 실려 내 고향을 찾아 나선다.
아, 아, 옛날이여!!!….

우정

손잡다가 어깨 잡고
눈 마주치며
미소微笑 짓는다.
만나면 호호호好好好
헤어질 땐 희희희㖯㖯㖯
전화電話론 낄낄낄.
그런 사이를 친구라고 부른다.
'너만 알아라. 최초로 말한다.'
그 말이 지켜지면 참 친구이다.

친구親舊와 산삼山蔘은
오래 될수록 더 좋다.
그런 친구에게 귓속말로 전한다.
'채우면 채울수록 그 공간이 더 넓어지고
 비우면 비울수록 그 곳이 더 작아지나니
 텅빈 충만이여! 색즉시공色卽是空이로다.'

세필 細筆

부드러운 붓끝으로 이렇게 작은 글씨를 써가면서
열정적으로 공부를 한 옛 어른들의 정성에
말문이 막힌다.
붓글씨를 잘 쓰게 되면 마음이 안정되고
지혜가 생겨난다.
새 힘으로 먹을 갈고 황소 힘으로 쓰기에 그렇다.
먹을 갈 때에 너무 힘을 주게되면
먹물이 튕기거나 먹이 부서지는 수가 있다.
황소 힘은 일념이 붓끝까지 내려갈 때를 뜻한다.

해인사에 남전南田 스님이라는 분이 계셨다.
그 분은 70년대 중반에 총무원장을 지낸
강석주 스님의 은사이셨다.
글을 잘 쓰고 싶었으나 먹과 붓이 없었다.

가야산에 올라가서 칡뿌리를 캤다.
가루는 먹고 남은 뿌리는 붓을 만들었다.
틈만 나면 홍류동에 내려가서
냇물을 먹으로, 반석을 종이로 삼아
정성껏 글을 썼다.
수년이 흐른 어느 날,
스님이 저녁이 되어도 돌아오지 않아서
대중들이 횃불을 들고 스님을 찾아 나섰다.
글이 잘 되었다.
그믐인데도 스님 주변이 훤하게 밝았다.
일념의 방광放光이 그렇게 된 것이었다.
그 어른의 글씨가 8만 대장경 전각 입구에
지금도 달려 있다.

원각도량하처圓覺道場何處인가?
현금생사즉시現今生死卽是다.

행복한 삶터가 그 어느 곳인가?
지금 이 자리가 바로 그곳이라오.

○人之患在好為人師章

○不告娶章　不告循告

因時人悟發大孝心

호박꽃도….

호박꽃도 꽃이다.
한때 호박꽃도 꽃인가? 하는
조롱 섞인 말들이 오간 적이 있었다.
열매 中 못생긴 것의 대표는 모과와 호박이요
예쁜 꽃의 으뜸은 양귀비이다. (王)
호박꽃에도 암, 수가 있고 꿀 냄새를 풍긴다.
벌, 나비가 찾아오고 수박만한 열매가 맺힌다.

옛 시인이 노래했다.

화무일어花無一語나 능초접能招蝶이요
유유천사柳有千絲나 불계춘不繫春이더라.

호박꽃이 한마디 말 없으나 벌, 나비 모여들고
실버들 천 가닥이나 가는 봄을 잡아두지 못한다.

제행무상諸行無常이요,
화무십일홍花無十日紅이다.

원두막 귀신 鬼神

나는 산 곳마다 원두막을 지었다.
아마 원두막 귀신이 따라 다니거나
전생에 참외 농사를 많이 지었거나
둘 중 하나일 것이다.
사진은 기림사 북암에서 이며, 그 이름은 '달맞이'요
서운암엔 신선대, 태백산 구마동엔
취선대(취한 신선)와 도리천이다.
축서사 북암에서도 아담한 원두막을 지어 놓고
'껴 껴 껴'의 안동 향토 노래 연습을 그곳에서 두 달간 불렀다.
호주에 와서도 한국 목수를 초청해서
팔각정 정자를 지어서 산신과 나한상을 모셨고
블루 마운틴에는
호주(濠洲, Australia)식 정자亭子 가제보Gazebo를 짓고
'상락정'이라고 이름을 붙였다.

특히 봉화 도리천에선 가끔씩 그곳에 올라
'복숭아꽃은 붉고 배꽃은 희며
봄풀은 푸르더라 = 도리천'라고 한
『금강경오가해』에 나오는 그럴듯한 문구를 쳐다보면서
고상한 척 돌배나무 꽃을 바라보았고,
이곳 블루 마운틴에서도 상락정이라는 정자에서
백운을 바라보면서 깊은 사색에 든 척
옛 사람들의 흉내를 내고 있다.
큰 굿을 하거나
원두막 귀신을 쫓아내는 구병시식을 하지 않고서는
또 무슨 이름의 원두막을 짓게 될지
알 수 없는 일이다.

원두막에 재미를 붙여서 6년 묵언 정진 중이던 기림사 북암에서도 원두막을 지어놓았다. 이것이 두 번째 지은 원두막이다.

기념紀念의 영역

흑백사진을 바라본다.
승가대학 졸업 기념이니
1971년도. 55년 전이란
시간이 생각난다.
또 떠남과 생존生存이라는
두 가지 의식이 겹쳐서 지나간다.
또 그 사념思念이 '人生은 무엇인가?' 하는
근원적인 물음을 끌어들인다.
그나마 흑백 시대는
무지개 색 color로 남고
지금의 칼라는
활화산의 불안不安으로 보여 진다.
이 또한 착시된 의식의 왜곡일까?
그래도 난 흑백시대의 품속에 안기고 싶다.

사집四集과정을 마치고 대웅전 앞에서 기념사진을 남겼다. 한때 풋풋했던 승려들도 이제는 치아도 빠지고, 머리가 허연 노장들이 되었다. 의자에 앉은 세 분은 모두 고인이 된지 이미 오래다.

4교 중 한 과목인 기신론起信論을 마치고 나서 특별히 기념사진을 찍었다.

툇마루(행자실)

통도사 보광전 행자실 툇마루다.
방 이름이 취운헌聚雲軒이라.
영축산의 기운이 모인 곳이라고 해석해 본다.
68년도이니 따진다면 57년 전의 모습이다.
그 시공時空에 대해서
귀동냥 해온 풍월風月로 읊조려 본다.
일념 속의 그림자 넌 누구인가?
종이에 나타난 그림을 보면서
그게 '나'라며 미소 짓는다.
그게 사실일까?
관념과 그림자, 그 둘이 합세해서 참나를 놀린다.
종이나 그림. 생각에도 떠나 있는 나,
그 나를 보광(지혜 광명)에서 만나고
보광전에서 헤어진다.

이 날도 쌀 실으러 가던 날에 찍은 것이다.

동자童子에게 묻다

송하문동자松下問童子
현사채약거玄師採藥去
지재차산중只在此山中
운심부지처雲深不知處

지혜롭게 살길 바라는 한 청년이
스승 될 만한 이를 만나려
그의 수행처修行處를 찾아갔다.
그때 그의 제자로 보여 지는 동자가
부채를 부치면서 약을 다리고 있었다.
"스승님은 어디에 계십니까?"

동자가 답答한다.

"그분은 약(지혜)을 캐러 가셨는데
구름이 너무 짙어 찾을 길이 없습니다."

밖을 향向해 찾지 말라.
구름 같은 무지만 더 키울 뿐이다.

아란야 阿蘭若

극락암에 딸린 토굴 이름이다.
조용한 곳이란 뜻이라고 했다.
74년 겨울, 일공, 중천, 원각, 기후
그리고 오거사(토굴 지은 이) 다섯이
겨울 한 철을 백설처럼 보냈다.
그 해는 경봉노사께서 자주 그곳에 내려오셨다.
주로 아침 식전이다. 작은 망태기를 걸머진 시자와 함께….
그 속엔 인절미, 찰떡, 밤, 잣 등등 여럿이 들어 있다.
노사의 방문 sign은 앙칼진 기침소리로 대신한다.
에헴, 에헴 ~~~

숯불에 인절미와 밤 등을 올리고 차를 마시면서
큰스님의 말씀을 듣는다.
영축산이 깊고 깊어 찬바람이 가득하고
낙동강이 길고 길어 만 리까지 흐른다.
靈鷲山~~~ 올라가는 길,
천년 노송의 그늘을 밟고 비탈길 극락암을 올라간다.
"야잇! 이놈아, 밀어라, 밀어."
지팡이를 짚은 노사가 일부러 허리를 뒤로 젖힌다.
"노스님, 힘들어요, 힘들어…."
"하하하하…."
동자승의 음성과 노스님의 웃음소리가 함께 어울려
바람 소리와 함께 극락을 향한다.

뛰어난 선지식은 선객을 끌어들이는 힘이 있다. 경봉스님이 바로 그런 분이었다. 경봉스님이 계시던 74년 그 철엔 납자들만 87명이 모여 극락암이 생긴 이후 제일 많은 납자들이 들어와 산 겨울이 되었다.

아란야는 극락암에서 500여 미터 떨어진 곳에 있었다. 경봉선사는 거의 매일 이른 아침에 이곳에 산책하러 오셨다. 목도리를 두르고 의자에 앉아 계신 분이 경봉선사다.

가야산 해인사

통도사 서운암에 살면서 해인사에 가서
1년을 강사를 지낸 적이 있었다.
어중간한 사람이 어중간한 처신을 한 것이다.
그곳엔 성철 스님을 비롯한 혜암, 일타, 종진 스님 등등
고명한 스님들이 많이 계셨다.
가야산은 칼칼했다.
철스님의 법력法力과 대장경의 위용偉容이
선객仙客들과 학인學人들의 자긍심을 한껏 끌어 올렸다.
홍류동의 물소리를 업고 너울너울 춤을 추던
가야산의 천년 노송,
그 솔바람의 기운이 지금도 뒷골에 안개처럼 어려 있다.

맨 앞줄 중앙이 성철스님이시고 오른쪽으로 전 종정 혜암스님이며 그 바로 곁이 일타스님이신데 세 분 모두 무상無常의 법칙 따라 열반에 드셨다. 왼쪽에서 두 번째가 해인사 율주이셨던 종진스님이고 오른쪽 두 번째는 봉암사 수좌 적명스님이다. 기후는 맨 뒷줄 오른쪽에서 두 번째이다.

보광전 공양주

68년 공양주 때이다.
그땐 선원과 강원이 딴 살림을 살았다.
리어카를 끌고 큰절에 쌀 실으러 가다가
사찰 전담 사진사를 만나서 찰깍 했다.
난 공양주를 3년을 했으나 밥을 잘하진 못했다.
글욕心 때문이었다.
밥이 잘되려면 몇 가지 조건이 충족充足돼야 한다.
1. 쌀이 적당히 불어야 되고
2. 물이 적정할 것이며
3. 불기운이 한결 같아야(장작은 위험)
4. 뜸 드는 시간이 충분해야 된다.

지혜로운 人生에 흡족한 조건은?
석녀石女가 생남生男하면 그때야 말하리다.

범어사를 거쳐서 통도사 자장암에 머물다가 보광전 선원에서 공양주 노릇을 하던 어느 날이다. 행자 셋이서 손수레를 끌고 큰절에 쌀을 실으러 가다가 금강계단 앞에서 한컷. 두 사람의 행자는 이교와 양우라는 사람으로 환속한 지 오래되어 소식을 알 길이 없다.

바디

베틀에 쓰여지는 도구 中의 일부다.
이곳에 삼베나 무명의 씨줄을 꿰어서
날줄로 엮어 천을 만든다.
애기 젖 먹이고, 부엌일 마치고, 어른들 술상 보고
짬 내어 베틀에 앉는다.
결혼 적령기가 되면 배우기 때문에 엄마가 되면
상당한 수준에 이른다.
8세, 10세, 11세…. 숫자가 높을수록 실올이 가늘어서
그 가치가 더 커진다.
손놀림과 발 움직임의 장단이 잘 맞아야 많이 짤 수 있다.
우리 어무이는 8세는 10자, 10세는 8자 정도 짠다고 들었다.
한 자가 30.3cm이니 약約 3mm정도이다.
그렇게 해서 핫바지, 저고리 등을 손수 깁는다.
고려 때 보조 스님이 지은 초심初心에 나온다.

'길쌈 한 땀 하지 않고 좋은 옷 골라 입고
농사일 호미 없이 삼식三食이 타령한다'고.
입고 먹는 순간마다 고마워해야 된다.

원앙새

부부夫婦 사이가 너무나 좋다고 해서
전통 혼례식 땐 제법 큰 대접을 받았다.
소문엔 둘이 살다가 한쪽이 먼저 가면
남은 한쪽도 따라 나선다고 했다.
사랑과 믿음, 인정과 의리가
함께 어우러진 아름다운 모습이다.

사람도 그와 비슷한 친구가 있었다.
백아伯牙와 종자기鍾子期이다.
거문고를 잘 뜯는 백아가 山 높은 곡조를 읊조리면
종자기는 거기에 맞는 춤을 덩실 덩실 추었다.
어떤 곳이든 척척 맞춤이었다.
그들은 의형제를 맺고 나서
일 년 뒤에 다시 만나기로 하고 헤어졌다.

일 년 후 거문고를 메고 간 백아.
종자기는 이미 세상을 떠난 뒤였다.
그의 묘소를 찾은 백아.
거문고를 발로 밟아 버리곤
다시는 거문고에 손을 대지 않았다.

자리 바디

방안에 깔개 자리를 만들 때에 사용했던
가장 중요한 부품이다.
구멍마다 노끈을 꿰어서 자리를 만든다.
긴 대나무 끝을 갈쿠리처럼 만들어서
그곳에 짚과 왕골을 번갈아 넣으면서 내리치면
자리가 된다.
방학放學 때에 주로 그 일을 하게 되어
나는 그 일이 하기 싫어서 외가外家에
가서 한 달간 지낸 적이 있었다.
갓을 쓰고 두루마기를 입은 할아버지께서
나를 데리러 사돈집을 방문해서 붙들려 간 적도 있었다.
옷도, 자리도 또 먹거리까지도

모두 현장에서 마련하다 보니
얼마나 사는 것이 고달팠을까?
그래서 우리 할머니는 일찍 허리가 굽어졌는지?
어떤 이의 말이다.
"난 옛 고향 얘기 할 때에 제일 큰 행복감을 느낀다"고….

꽃과 가시

한 줄기에서 나타난 두 가지 모습.
당신 없인 못산다고 노래 부르다가
미워서 못산다고, 꼴 보기 싫다고
고개를 돌리고 말문을 닫는다.
한 마음에 두 모습, 어디에서 나왔을까?
꽃집 主人이 읊었다.
'꽃을 사가는 이들은 꽃만 보고 사가지만
主人은 죽은 꽃나무 가지까지도 사랑한다'고.
그렇게 통째로 사랑하면서 살 수는 없을까?
조건과 탐욕貪慾으로 얻게 된 사탕발림 사랑.
그것은 언제나 미움으로 변색된다.
조건條件도 각자各自가 다르고
욕심은 더 큰 욕구를 바라는 것이 그 본성本性이기에….
적은 욕심으로 만족할 줄 아는 지혜인이 된다면….

맷돌

정으로 돌을 때리니 맷돌이 되었다.
구멍을 내고 손잡이를 만들어 불린 콩을 넣고 빙글 빙글 돌린다.
소년은 힘이 들어 고개를 떨군다.
그걸 모아 무쇠 솥에 넣고 퍼얼 펄 끓이다가
간수(소금물 어린 것)를 넣고 슬슬 휘저어 주면
콩물에서 무엇이 어린다.
그걸 순두부라 하고 순두부를 눌러서 단단하게 된 것을
두부라고 부른다.
70년 대 초엔 그 반찬이 나오면 학인들이 춤을 췄고,
김까지 더해지면 깨춤이 나왔다.
지금은 現金 공양이 제일이란다.
삼계三界가 화택火宅이요, 육도六道가 아수라다.
불난 집에 부채질을 해대고 있는 작금昨今의 사회현상社會現像=狀.
콩죽 같은 땀이 흐른다.

다리미

벌건 숯불을 담아서 광목 바지, 저고리를 다린다.
그때 한쪽 끝을 힘주어 잡아 줘야 한다.
어느 땐 졸다가 놓치게 되면
숯불이 옷에 쏟아져 옷에 빵구가 난다.
그날은 점심이 없다.
불이 약해지면 다리미를 들고 나가
숯을 더 얹고 부채질을 해댄다.
그렇게 다린 핫바지를 입고
또래들과 어울려 뒷동산에 올라가
소나무 가지를 꺾어서 모래 썰매를 탄다.
망가진 옷 때문에 꿀밤….
아련한 추억 속에 미소가 번진다.

나랏 말쌈이
중국과는 달라서

한글 창제 필요성에 나오는
첫 번째 문구이다.
ㄱ, ㄴ, ㄷ, ㄹ, ㅁ….
태어나면서 처음 배우게 되는 문자 기호다.
그땐 배우기도 힘이 들었는데 그것을 처음 만든 분들은
얼마나 연구硏究를 많이 했을까?
깊고 깊은 사유思惟의 시간이었을 것이다.
모든 창조의 바탕은 생각이 그 뿌리이기 때문이다.
법고창신法古創新이라고 했다.
그 무엇이건 그 전 것을 본받아서 새것을 만든다는 뜻이다.
한글은 무엇을 보고 만들었을까?
이두吏讀나 인도의 산스크리트라는 이론理論도 있다.
옛 것에서 새 것이 만들어지고,
중국 글에서 한글이 만들어 질 수도 있다.

나이 든 사람들을 꼰대나 라때로 비하하려는
한국 사회의 오늘의 삐뚤어진 현상과 관념,
광화문의 고함 소리가 더 커지는 이유이기도 하다.

채

걸러내는 물건物件이다.
진짜와 가짜를 단번에 가름하고
가는 것과 거친 것을 쉽게 골라낸다.
촘촘한 건 떡 가루를 내릴 때 사용하고
얽음 채는 들깨 등을 고를 때 이용한다.
쭉정이와 알곡, 진짜와 가짜를
그렇게 쉽고 분명分明하게 골라내듯이
사기꾼과 거짓말쟁이를 한눈에 알아채는
인간 채는 없을까?
욕심慾心과 허세虛勢를 줄여라.
그 속에서 인간 채를
발견發見하게 될 것이다.

대꼬바리

담뱃대 끝에 달린 쇠붙이 이름이 대꼬바리이다.
대나무 속 마디를 뚫어서 니코틴을 덜 먹도록
재치 있게 길게 만들었다.
그것이 길수록 양반이고 서민들은 짧게 만들어야 된다.
대꼬바리에 풍년초 잎담배를 비벼 넣고 아랫목에 앉아서
화롯불에 불을 붙인다. 손 안 대고 코푸는 격이다.
말 안 듣는 손자에겐 대꼬바리로 머리를 톡톡 때리고
귀여운 손녀에겐 귀에 대고 뽀뽀~소리를 내준다.
화로전에 담뱃재를 떠는 소리가 들려오는 긴긴 겨울밤.
호롱불은 가늘게 춤을 춘다.

마구간의 소는 앉아서 졸고 소등을 타고 횃대에 오른 닭들은 나뭇가지에서 잔다. 그때에 족제비가 닭서리를 나선다.
"꼬꼬댁 꼭꼭!!!"
담뱃대를 든 할배가 급하게 나온다.
"예끼, 이놈들!"
겨울밤이 깨어난다.

자연 自然

캥거루와 코알라가 좋아하는
Eucalyptus(유칼립투스)라는 나무에
그들의 혼백이 새겨졌다.
하루 中에 23시간을 잔다는
코알라 잠보,
호주 대륙에만 살면서 복싱을 잘하기로 소문난
캉가루.
그 나무는 일 년에 한 번씩
껍질이 벗겨지면서
갖가지 문양을 만들어 낸다.
캥거루의 깡충거림과
코알라의 코고는 모습을
그려내고 싶었는지 모를 일이다.
生命, 자연, 혼백이여!

땡땡땡

학교종이 땡땡땡 어서 모이자,
선생님이 우리를 기다리신다.
♪♪♪~~~
코흘리개 적, 종소리, 소사,
만국기, 벤또(べんとう, 도시락)
운동회, 중간학교, 동태(굴렁쇠) 등등등….
끊임 없이 흐르는 세월의 여울 속
그런 잔상들을 업고
Sydney까지 떠밀려 왔습니다.
예와 지금,
소년과 노승(少年, 老僧)
그 모든 것이 일념―念 속의 그림자.
태양太陽의 율동律動에 따라 그림자의
움직임도 점점 변해지고 있습니다.

허물

6년을 땅속에서
뒹굴다가
날개를 달고
날아다니면서
노래를 부르는 신통력을
뽐낸다.
나무에 그 허물을
벗어두고서….
허공虛空에서 소리친다.
매응每應 ♪ 매응 🎵
매응 # 매응每應 §
매사에 즐겁게 응하라.
그러면
행복幸福의 문이 열릴 것이다.

피난표지

천재지변의 경우
피하라는 방향方向이다.
화살표대로만 가게 되면
화禍를 면하게 된단다.
삶에서의 어려울 땐
어느 방향으로 피하면 좋을까?
'땅에서 넘어진 자,
 땅을 딛고 일어서라.'고 했다.
살피고 또 살피고
생각하고 또 생각해 볼
人生살이의 화살표이다.

석등 石燈

석등 속에서 초롱불을 켰다.
1970년 통도사 관음전 앞에….
그렇게 1년을 불을 켜며 기도 드렸다.
희망希望, 지혜智慧 자비慈悲의 등불이다.
밤길을 걷는 이에겐 편안한 길잡이,
허기진 이에겐 군침 도는 먹거리,
병든 이에겐 미소微笑의 양약이,
희망을 잃어버린 사람들에겐
새움의 싹을 키우도록….
이렇게 32가지로 변신하면서
중생들의 고뇌苦惱를 덜어 주시는
관음보살님의 큰 원력願力 굳게 믿고
정성을 다해 끊임없이 정진精進하면
이루지 못할 일이 없나니….

풀솔

삼베나 무명, 명주실을 짜기 전에
사용했던 풀솔이다.
산에서 자생自生하는 풀뿌리를 뽑아 말려서
소나무 뿌리로 야무지게 묶으면서
손잡이를 만들어서 큰솔을 만든다.
왕겨(쌀 껍질)로 불무덤을 만들고
그 위에 무명 등의 실을 길게 늘어뜨릴 때
풀솔질을 한다.
실날을 더 단단하게 함이 그 목적目的이다.
그걸 베틀에 감아서 짬짬이 베를 짜서
옷을 만들어 입혔으니 그 공력이 얼마나 힘들었을까.
승려들도 그때엔 바느질을 잘했다.
흰눈이 펑펑 쏟아진 오대산 상원사.
그땐 바깥출입出入을 전혀 못한다.

바느질 할 절호의 찬스다.

지대방(쉬는 곳)에서 너도 나도 바느질을 한다.

주로 윗도리나 누비 두루마기가 그 대상이다.

바늘 끝이 뾰족해서 일념이 잘된다.

어머니의 공력이 새롭게 느껴진다.

그때의 강원도 눈보라가 그립다.

저울

무게를 체크하는 도구다.
이건 서서 단다.
눈금에 눈이 간다.
그 뒤에 앉은뱅이 저울도 나왔다.
시골 장날 할매들이 앉아서
가벼운 것들을 올려놓는다.
화살표에 정신을 모은다.

자칭 태백산 도사道士가 있었다.
지리산에서 공부功夫를 많이 한
선객禪客이 있다는 소문이 들렸다.
어느 정도程度 공부가 깊은가?
그는 단단히 마음먹고 그곳으로 향했다.
둘이 만났다.

"으아아악!!!~~"

"몇 근이나 되오?"

태백산 도사

"???…."

절 뒤주

명命 줄을 잠궈 둔 곳, 뒤주.
절 만卍 자와 입 구口 자가 보인다.
소속과 용도를 알리려는 뜻이며
도난 예방에도 도움이 되리라.
한 홉(나무를 파서 만든 쌀그릇)으로
쌀의 양과 승려들의 숫자를 체크하고
누룽지가 생기게 되면 공양주供養主는
밥을 굶어야 했을 때였다.
춥고 배고픈 시절時節에 도인道人 나온다.
냉커피와 두리안 향기香氣를 찾고
메이커 있는 신발을 신고 다니면
도심道心은 땅에 떨어진다.

일미칠근一米七斤이라.
쌀 한 톨의 무게가 일곱 근이라.
생명을 존중할 때 도도 깊어진다.

달마의 수염

달마 그림엔 눈과 수염이 특이特異하다.
부리부리한 눈과 텁수룩한 수염은
지혜로움과 용맹함의 상징이다.
근래엔 유식唯識의 대가大家라고 알려졌던
직지사의 관응觀應 노사老師와
자칭 범어사의 선승禪僧이라던 화엄華嚴 스님이
수염을 기른 적이 있었다.
요즈음엔 머리와 수염을 길게 기른 이가
어깨 너머로 내려온 머리를 쓰다듬으면서
가짜 도사 행세를 하는 이와
또 다른 수염을 기른 이가 횡설수설 하는 것을
Youtube에서 가끔 보게 된다.

참으로 꼴불견이다.
둘 다 명예와 허세를
수염으로 팔아먹고 있기 때문이다.
'같은 물이라도 독사가 마시면 독이 되고
 소가 먹으면 우유가 된다.'

주판 珠板

계산기이다.
장사를 잘하려면 주판알을 잘 튕겨야 된다고 했다.
계산을 잘해야 된다는 뜻이리라.
60년대 초엔 은행銀行에 들어가면
주판알 움직이는 소리가 따따 딱딱 하는 소리가
요란하게 들렸다. 특히 여상(女高)을 다니면서
주산 급수를 잘 받게 되면 바로 유명 은행에서 데려 갔다.
그만큼 계산을 빠르고 정확하게 잘하면 능력자로 인정받고
대우도 매우 좋았다.

불가佛家의 선원禪院에선 어떠한가?
계산을 잘하면 지옥에 떨어질 확률이 많단다.

종일수타보終日數他寶에
자무반전분自無半錢分이다.

온종일 남의 돈 세어주는 은행 직원처럼
자기 월급은 얼마 되지 않는다는 뜻이다.
자기 마음 살림 계산을 잘하라는
경고의 메시지이다.

폈고리

허리 굽은 우리 할매 시렁 위에 모셔놓고
삼신三神님으로 모셨던 것이다.
그 속에 무엇이 얼마나 들어있는지는 전혀 모른다.
먼지가 눈처럼 소복하게 쌓여도
절대로 손을 대지 않는 지엄至嚴한 존재이기 때문이다.
명절名節만 되면 그 곳에 두 손으로 싹싹 빈다.
'삼신님요, 삼신님요! 우애든지 우리 아들 탈 없도록
잘 봐주소오. 객지 생활 탈 없도록 잘 보살펴 주시이소.'
또 있다.
큰방 고방엔 용왕단지, 대청마루 위엔 성주단지,
2월 달엔 영구 할매….
빌고 또 비는 마음, 生命의 안전을 바라는 그 희망심은
예나 지금이나 불변이다.
나무(NaMo) 아미타불

수저

고려人이 썼던 수저란다.
장군의 것이었나?
금강산도 식후경, 수염이 석자라도….
모든 생명체(体)는 먹어야 산다.
다양한 움직임은 생존生存을 위한
가없는 율동이다.
태양, 별, 은하수, 달 등의 무수한 위성들
山, 水, 木, 石, 공기 등등 온갖 존재들.
깊은 통찰로 그들과 함께 놀자.
그 모두가 생명의 친구요 어머님의 젖줄이다.
해인삼매海印三昧 中….
고려 때의 수저여!
비로자나 大光明이로다.

호랑이야 놀자

단자무심어만물但自無心於萬物하면
하방만물상위요何妨萬物常圍繞리오?
철우불파사자후鐵牛不怕獅子吼하고
흡사목인견화조恰似木人見花鳥로다.

그 유명한 석정 스님의 그림과 글씨이다.
호랑이를 타고 있는 자화상이다.

만물(망상)에 대해서 무심無心하면
천만 가지가 나타나도 방해되지 아니한다.
마치 쇠로 만든 소가 사자후를 겁내지 아니하고
나무로 만든 여인상이 꽃과 새(그림)을
감상하는 것과 같도다.

살기殺氣와 두려움이 없게 되면
호랑이가 친구가 된다.
지혜가 충만하면 번뇌가 바로 보리菩提로 응용된다.
만물의 본성이 모두 인연으로 이뤄진 허상이라.
그것을 어떻게 알아차릴까?
사유의 늪에 깊이 빠져라.

6년간의 침묵 沈默

말길 닫고 발길도 끊으면서 한 곳에서 명상함은
마음길을 편안하게 왕래하기 위함이니
그 길을 걷는 이는 누구인가?
그는 바로 '나'이다.
'그 나는 또 누구인가?'
정좌하고 숨 고르며 그 나를 찾아본다.
1년, 2년, 3, 4, 5년 그리고 6년.
어렴풋이 그 나의 정체가 드러난다. 모두가 가짜였다.
찾는 나도, 찾을 나도…
도적을 아들로 잘못 알고 정성껏 키워 왔으니
안살림은 거덜이 나고 말았다. 이른바 인적위자 認賊爲子 다.
거지의 삶은 춥고 배고프다. 그들은 중생 衆生 이라고 부른다.
진짜와 가짜는 둘이 아니다.
가짜가 진짜로 외투를 훔쳐 입고 지내왔기 때문이다.

그 가짜가 사라지니 가정에 평화와 화목이 맴돌고
사는 것이 나날이 즐겁다. 이른바 보살의 세계다.
쌀을 퍼내는 도둑이 사라지고 참나가 주인이 되었기 때문이다.
근원적인 원인은 무엇이었을까?
원래 없는 가짜 나를 앞세우고 그 위에 또다시 분칠을 하려든다.
코를 세우고 눈에 주름을 만들고 보톡스 주사를 맞는다.
그럴수록 속은 더 허전해진다. 무상의 진리를 이기지 못해서이다.
허세에 속지 말고 명상과 친해보자.
곳곳마다 웃음이요, 일일마다 행복이다.

기림사祇林寺 북암에 기거하고 있을 때인 1985년 여름이었다. 그때는 묵언默言수행 중이라 따분하면 사진이라도 가끔 찍어 보라고 대구의 최거사가 주고 간 카메라로 찍은 방아깨비이다.

내가 앉은 뒤쪽 건물이 법당 겸 선원인데 이곳에서
세 사람이 6년 동안 묵언을 하면서 지냈다. 84년도에
시작해서 89년에 그곳에서 나왔다.

주광(사진 가운데 스님)이 벌떡 일어나서 죽비를 감추어버렸다. 나는 "아이고, 아이고, 아이고!" 세 번 통곡했다. 도응(사진의 오른쪽 스님)은 그저 묵언함으로서 6년 묵언을 회향하였다. 주광은 2001년에 선산 영명사에서 입적해 들었다.

은빛대학

반짝이는 파란별이
점점이 모여서 은빛대학이 되었다.
한 달에 2번씩 마음 모으고
손길 거둬서 어르신네 상차림으로
물야면勿野面에 은빛미소가 넘쳐난다.
그 마음 길이 19년으로 이어진다.
그 열정과 정성이
빨주노초파남보의 쌍무지개로 떠올라서
물야면에 드리운다.
파란별 회원님들!
고맙습니다. 거룩하옵니다.
그 원력願力
봉화에 넘치고 문수산文殊山을 덮으소서.

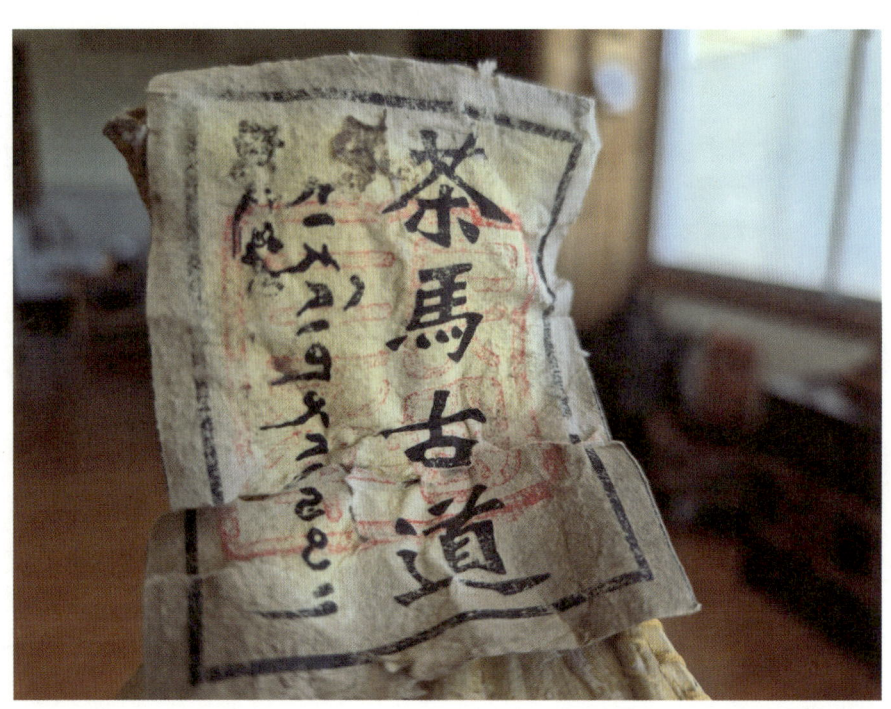

차마고도 茶馬古道

차가 가죽 주머니에 들었다.
무슨 차가 얼마나 오래 되었는지
아는 것은 아무것도 없다.
가끔씩 차마고도란 글자를 쳐다보며
옛길을 생각한다.
중국 차茶와 티벳 말馬이 오갔던 그 험악한 산길
삶은 그렇게 고단하고 위태로웠다.
4,000 여 미터의 고지高地에서만 산다는 야크,
그들도 업 따라 잘들 살고 있다.
그런 험한 곳이기에 종교심도 바위처럼 단단해진다.
그 고도에 길을 넓히는 폭파음이 들리고
멋진 차들의 오감이 더 많아지는 요즈음이다.
고도古道가 신작로新作路가 되면
그곳에도 산적 떼들이 몰려올 것이다.

연꽃향기 香氣

연꽃! 화사하고 예쁘게 피어나서 보는 이가 즐겁다.
험난한 세상일수록 그 향기 더 찐하게 민초民草에게 전달된다.
어르신들에겐 화사한 미소로,
꼬마들에겐 따뜻한 손길로,
정법사엔 손끝과 마음으로.
그 이름, '연꽃미소회'다.
다른 이를 받들고
도움은 자신의 삶의 뜨락을 향기롭게 만든다.
그때의 자신의 마음이 즐겁고 넉넉하기 때문이다.
일념一念이 만념萬念으로 이어지고
일즉일체一卽一切의 화엄진리 덕분이다.
'정법 연꽃미소회 회원 여러분,
옷깃 여미고 두 손 모아 감사드립니다.
無口子 기후

동심童心

찔찔이 꼬맹이가 콧물을 닦아서
옷소매가 빤질 빤질했을 적에
큰 항아리에 머리를 내리박고
'아, 아, 마이크 시험 中입니다.'
깨지기 쉬운 이 큰 장독을
Sydney까지 싣고 온 까닭은?
할머니의 따뜻했던 크신 정감情感을
장독에 담아두고 느껴보고 싶었던가?
그 속에 어려 있을 동심의 목소리를 엿들으면서
세월의 무게를 달아볼 심산心算인가?

〈붓다 가라사대〉
예와 지금이 일념一念속의 그림자요
한국과 호주가 지척(30㎝)의 이웃이라네.

도반

길 걷다 만난 이를 도반이라 부른다.
불도佛道의— 길
인연因緣의 만남이다.
그 길에서 마주친 초심과 홍인성,
신뢰의 징검다리를 딛고
저 언덕을 향한다.
때론 바쁜 손길에 물집 생기고
이곳저곳 넘나들다 골절 만난다.
마주 잡은 손엔 온기 넘치고
마주친 두 눈엔 미소微笑가 고인다.
인정人情은 꿀물처럼 심장에 돌고 돌아
수원과 시드니를 찰나에 오간다.
아, 아, 도반이여!
사랑이여, 행복의 샘이여!

밀양 무봉사

통도사를 본사로 둔 전국의 말사들은 300여 개에 달한다. 그중 밀양 지역을 대표하는 사찰로는 표충사와 무봉사가 오래전부터 대표로 꼽히는데, 그중 무봉사는 밀양 시내 중심을 관통하는 밀양 영남루 옆 암벽 위에 자리하고 있어 옛 스님들에겐 수행처로 크게 각광을 받았었다.

이곳에서는 경봉 노스님을 비롯하여 동시대를 사신 내로라 하는 어른 스님들이 주석하셨고 특히 통도사 방장을 지내신 비로암의 원명 스님께서도 무봉사에서 수행을 하셨다. 바로 그곳 무봉사에는 나의 상좌이기도 한 천주 스님이 살고 있다. 천주는 출가 전부터 예술 분야에 남다른 끼를 갖고 있었으며 무술에도 탁월한 부사였다. 무봉사 주지 소임을 맡으면서도 지역민을 위한 행사와 사명대사를 추모하는 행사 등 무봉사를 알릴 수 있는 일에서는 두 번째 서열을 마다할 정도로 앞장서 산 것으로 주변 인들의 얘기를 전해 들은 바가 있다.

지난 30주년 행사 때 천주는 바쁜 와중에도 겨우 하루 머물다 가는 일정으로 이역만리 시드니로 달려와 주었다. 은사를 위한 마음이었고 부족한 은사를 향한 안타까움에 한달음에 달려왔을 것이다.

천주는 예나 지금이나 신도님들이 많이 따른다. 은사를 전혀 닮지 않아 참으로 다행이다.

어무이와 어머니

1981년 통도사 서운암에 살 때이다.
모처럼 친척, 이웃 내외분과 함께 그 곳을 들리셨다.(중간 분들)
시원찮은 장남長男을 절간으로 떠나보낸
부모님의 속마음도 아렸을 것이다.
못난 사람들이 절에 간다는
그때의 그 동네 분위기였으니까…
그 뒤로 나의 위치가 생기게 되면서
해인사, 통도사 등의 큰 사찰에 친척들이 다녀가게 되면서부터
부모님의 어깨에 힘이 들어가게 되었다.
보는 것만큼 알게 되고 아는 것만큼 당당해지는 듯…
단 한 장뿐인 인연의 끈.
그 끈줄을 잡고 생명의 뒤안길을 두리번거린다.
어릴 때는 어무이요, 삭발하고는 어머니라고 불렀다.
어머니라고 부른 횟수가 채 열 손가락을 못 넘긴다.

통도사 서운암에서 살 때 남긴 단 한 장의 사진.
어머니와 만날 수 있는 유일한 사진이 되었다.

탄허呑虛 스님

어느 해 겨울,
월정사 조실채인 방산굴 앞에서 탄허 스님을 모셨다.
무비無比, 성파性坡 스님이
주축이 된 화엄경 특강 때였다.
30여 명의 비구, 비구니가
한 달간 수학修學을 받았다.
눈송이가 화엄의 꽃이 되어
전나무에 쌓였을 때,
우리들은 일주문 앞 눈밭에서
데굴데굴 뒹굴었다.
화엄의 속내를 심장으로 스미려고...
이치(理)와 현상(事)도 하나요,
이사와 사사도 융통이다.
화엄의 꽃은 그렇게 문수의 지혜로 오대산을 덮었다.

한암스님의 문도들과 함께 기념사진을 찍었다. 의자에 앉아 있는 분이 탄허스님이다. 한암스님의 법을 이은 수제자 탄허스님은 한국 현대 불교의 선지식으로 명망을 떨쳤다.

승가대학의 마지막 과정인 화엄경 華嚴經 80권을
배우고 나서 금강계단金剛戒壇 앞에 어른들을 모시고
그 흔적을 남겼다.

졸업장 卒業狀

1971년 2월,

승가대학 졸업장을 말아 쥐고

정들었던 불교전문강원(현 승가대학) 건물 앞에 앉았다.

25살 때였다.

그로부터 55년이란 시공時空을 삼키면서

여기까지 왔다.

80이 넘은 노승, 온전한 틀니, 해묵은 서리 등...

두 눈을 내리감고

인연 길을 더듬어 본다.

지금 이 시각엔 어떠한가?

끝없이 흘러가는 세월의 파랑波浪 속에

네 글자를 쓰고 싶다.

'참 우습다.'

옻독

모르면 용감하다는 말이 만고萬古의 참말이다.
'위장이 냉한 데는 참옻즙이 제일이다.'
옻이 흔한 지리산 근처에 가면
그 말을 많이 듣는다.
진주 의곡사에 살 때 나도 그 말에 홀렸다.
참옻 한 숟가락을 먹고 한 달간 큰 고생苦生만 했다.
주사 치료를 받게 되면 옻 효과가 줄어든다나?
옻과 옴은 가려워서 잠을 잘 수가 없다.
귀에 진물이 나서 베개와 한 덩어리가 된다.
그 괴로움, 알 이만 알리라.
중생衆生은 진리를 모르는 무지로 인해
삼계三界를 넘나들고
풋내기 사문은 병病을 고치려다 고생만 더했다.
오! 모름이여, 병인가? 약藥인가?

여름 해제解制가 끝나고 산철 기간 동안 진주 의곡사에서 지낼 때의 사진이다. 절 입구의 석축공사를 마친 기념으로 사진을 찍었다.

독초毒草의 위력威力

山 속엔 약초와 독초가 함께 자라듯
사문沙門의 가슴 속도 마찬 가지이다.
고적孤寂한 산사山寺
새들의 노래 소리가 미풍에 실려 오고
흰 구름이 청천에 한가롭게 떠돌 때
분 냄새 풍기며 앵두 같은 여인이 나타난다.
스님 예에~~~~.
말꼬리가 점점 길어진다.
풋내기 사문의 가슴이 쿵쾅 거린다.
끌려간 업력業力,
법력法力의 K.O패다.
그 후 다시 만나주지 않으면
독초를 캐먹고 이 세상을 버리겠다는 쪽지를
인편人便을 통해 보냈다.

독초가 독초를 먹겠다고 으름장을 놓으니…
그 사문은?
큰 산은 독초를 약초로 응용하지만
작은 산은 약초를 독초로 써버리니…

頂宇 스님

Sydney.
한인회관(7년 전)
정법사 창건 25주년 기념법회 때
법문法門하는 모습이다.
포이동 구룡사, 일산 여래사,
New York 원각사 등등
도심 포교와 군軍 법당,
대작 불사의 화신化身인 정우 스님.
그 와중에서도 정법사까지
크게 보살펴 준 큰 원력에
깊은 감사를 드린다.
'부처님 품 안, 따뜻한 가정'
그 넓은 품으로 정법사까지
포근하게 안아준 큰 음덕으로

오늘의 정법사 법당에서
마음 놓고 목탁 치며
기도를 할 수가 있게 되었으니
재차 두 손 모아 고마움을 드린다.

탈脫

탈을 쓰면 탈이 난다.
그 탈이 그 탈이다.
가면假面이 그것이다.
겉과 속이 다르고
말과 행동이 어긋나면
그것도 가면이고
탈이 나게 마련이다.
원흉은 탐욕이 주범이고
주범主犯의 뿌리는
무지無智의 세력이다.
그 무지는 어디에서 생겼을까?

참나에서 나왔다.
참과 가짜는 원래 쌍둥이 자매일 뿐
부모父母는 원래 같은 분이었다.
탈을 벗은 본래면목! 행복의 얼굴이다.

블라디미르와(러시안) 주희(인디언)이다.

정법사에 와서
왕王과 왕비王妃가 되었다.
부처님의 아버지가 王이였으니
불법을 믿으면 王이 될 수가 있다.
블라디미르(男)는
信心이 매우 깊고 성실한 사람이다.
금강경을 독송하고 도량을 관리한다.
무거운 것은 자신이 들고
언제나 미소를 지으니
정법사의 Star다.
왕과 왕비가 된 그들의 장래에
언제나 꽃비가 내리길 기대한다.

달마 達磨

직지인심 견성성불 直指人心見性成佛.
마음이 바로 진리의 주체다.
그 참뜻을 전하기 위해서 험한 파도를 헤치고
인도에서 중국으로 건너온 전법사 傳法司
그가 바로 선법 禪法의 초조인 달마대사로
7만 여개의 반짝이는 보석으로 다시 출현했다.
두 달이 넘게 일념이 구슬 속에 스며들어
달마가 되어가는 과정,
그의 마음도 넉넉히 달마의 마음을 닮아 갔으리라.
그가 바로 이은경 마하심 보살이다.
손끝에 정성을 모으고 눈 속에 구슬을 담아
알알이 달마가 되어가듯이 마하심의 마음도 이미
달마의 마음으로 충만해 있으리라.

30년 포교 흔적이
이곳에 담겨져 있습니다.

행간마다,
페이지마다
老 수행자의 숨결이 느껴집니다.

무풍한송 (舞風寒松)

천년의 세월을 이고
만중생의 고뇌를 품어준
영축산 통도사요.

그 길목에서 무풍한송을
만났다. 고통의 짙은 어둠들로
실어내온 번민의 정(情)은
솔바람에 날렸다.

그 길을 걷다가 만난 그 림자.
덕수(德修) 와 기후(基厚) 다.
둘은 지금 내 가슴 속에 함께 동화된다.
걷던 길을 끝까지 같이 1 번
맞섰으면 좋겠다고… 그때가 언제일까?

토끼뿔, 거북털을 어떠랴.

엿기름

걸보리에 싹을 띄어 멍석에 말렸다.
그걸 빻아 가루를 만들면 엿기름이 된다.
단술, 조청, 엿을 만드는 일등(一等)
공신(功臣)은 바로 엿기름이요
엿기름을 있게 하는 삼총사는
멍석과 보리와 할머님의 손길이다.
할머니의 손 바닥엔 어떤 끌샘이라도
숨겨져 있는 것일까?
걸보리가 엿이 될수 있게 하는 그런 비법을
누가 언제 만들었을까?
오래되거나 숙성되면 변한다.
옛날엔 오래된 白여우가 사람해골을 뒤집어
쓰고 3번을 사바다시(두갑)해 버리면 예쁜
색시로 둔갑 했다니 아이고요 무서워라.

난 누구인가?

나는 누구인가?
나는 누구인가?
나는 누구인가?
오직 알수 없는 一念(일념)
만 또렷함이여!
그속에 참나가 숨어 있고
참 행복의 향기(香氣)
가 어려있다.
문명(文明)의 발달과
文化(문화) 향상를 가꾸는
무한(無限) 에너지 그속에
함께 하고 있으니 어느곳
무슨 일에나 오직 일념 된
정성을 다하자!

곰배구리 돌

떠돌던 땅을 딛고
곰배구리 돌.

1967년 여름이었다.
자궁의 열
암벽 속에 새겨두고

1000년 하고도 반을
지내왔다

그해 여름 3번 만난
곰배구리

나에게 이렇게 귀띔 했다.
'자궁은 지금도 이렇게 살고있네,
새뼐(顳骨), 개뼐, 개뼐, 개뼐(顳骨)

삼위일체 (三位一切)

붉음은 음식 찌꺼기 등.
푸름은 낙엽이나 풀 등.
노랑은 재활용.(종이나 빈병등)

이 셋이 집을 지키며 生命(생명)
을 보전(保全)해 주는 三 종사이다.
역할은 다르나 가치는 同一하다.
우리들의 삶 또한 그와 같다.
     나와 다르다고 멀어지지 말자.
공존(共存)은 서로가에 가능하고
변화 때문에 발전이 이루어진다.
山은 높이 꽃을 피우고 바다는 낮아서
소금을 생산 한다.

변점.

붉은색의 아프리에
　　너네의 변점이
생겼다. 心臟(심장)의 핏줄이
멍들어 바닥으로 떨어졌다.
　　삶의 질곡에서 받았던 喜怒愛
樂(희로애락)의 여러 감정(感情)들.
　　그 푸르렀던 색상(色相)들이
붉음으로 변했다. 허나 그
바탕은 본래 하나였다. 하나됨!
그것은 生命(생명)의 본심이고 존재의 실상이다.
하나에서 만상을 엿보고 다름에서 동일성
을 음미 하면 참으로 좋으련만_____.

등잔불

희미한 호롱불에
 바늘실 꿰면서
졸으시던 우리홀메.
기름 닳는다 어서자고...
한 이불에 발모두고 새우듯한
밤 지샜다. 코에다
발을 대고 콧잠을 잤던 시절
 발전턴 내 뜨'n한 정(情)
심장에 스며 든다.
어두울땐 인정(人情)은
샛별 처럼 빛이 나고
  大白晝처지 밝은 날
부자(父子) 간에 대판 하네.

부탁.

강한 비바람에도
넘어지지 않는것은
대나무의 뿌리이니 그 뿌리수가
많고 깊기 때문이며

매화(梅花) 향기(香氣)가
진한 것은 혹한 겨울을
보냈기 때문이다.

침몰된 인생을 살아가지 하는
그 뿌리는 (가) 무엇일까?
答은 많을 것이다. 그中에
하나를 대세라 하면

"자신(自身)의 마음 흐름을
애쓰다 꽃이 잘 살펴 보자ㅡ"

개의 불성(佛性)

조주원(趙州院)과 조주 사(師).
조주 젊은이가 차를 마신다.
그때 개가 마당을 지나갔다.
젊은이가 물었다.
　　개도 불성이
　　있나니까?
無! ㄱㅅ〜〜...
　그 유명한 無字(무자) 화두의
시원(始原)이다.
　　대혜(大慧)가 말한다.

함으론 없다는 무도 아니요
유,무(有無)의 무도 아니다.
大慧에게도 趙州에게도 속지말자? 응응.

월하(月下)스님,
(조계종 9대 종정)

行者(행자)가 사미[沙彌]로
사미가 비구(比丘)로
비구가 修者(수자=선객)로
나의 호칭이 여러번 바뀌게 한
'통도사 보광전.

그곳에서만 2년동안 행자
생활을 했다. 오지 때문이었다.

어느날, 용복 두루막을 잘 다려입고
별당(월하스님방)에 들어갔다.
정성껏 3배를 드린후 기어드는 목소리로
'저 스님 상좌가 되고 싶습니다.

'스님! 난 상좌를 안둡는데.

종정도 싯 좀좀은 거줄이었다. 오기로
\년을 더 버텼으나 끝내 허락은 없었다.
자신의 무게를 잘 보듬는 나의 큰 스승 였다. 너 자신
을 알아라. 참으로 위대한 진리죽 뿐이다. 큰스님!

가지각색,

가지각색 모양이라
　　　가지각색 소반이며
밥상, 술상, 교자상, 식혜상...
어릴땐 무척 부러웠던
　　그 상(床)이다.

이들이 받고
　　쌀쌓엉 밥고

좋은 부위의 괴기(고기)를
　　먹을수 있고, 대품이나는

영속(생명) 유지의 기본음인

　　三大조건中 음식이 가장 큰 무게를
　　차지 한다는 연중이다.

장사때 마다 合掌하고 고맙니다.
하는 一念이 건강을 지키고
가정을 회복하게 하는 좋은 보약(補藥)이
될것입니다.

반고굴 (撃古窟)

원효(元曉) 대사가 이굴에서
  수행(修行) 했다고 전해 내려온다.
그 을람으로 통도사 선원이나 강원에서
  가끔씩 이곳에 올라가서 원효의 법향(法香)
을 느껴본다. 상당히 큰 석굴이 높고 깊은
  산속에 있다 보니 이른 봄에도 얼음 덩어리가
많이 남아있다. 그때 얼음을 녹여서 다뿐을
끓여 먹고 사이다 병을 거꾸로 잡고
   옛 노래를 부른다.

한 많은 대동강아 변함없이 잘있느냐? 요상..

또 가을엔 김밥을 싸들고 그곳을 방문 한다.
그때 새들이 남자(男子) 들에게 목청을
가다듬고 노래를 불러준다.

  "지지자(知之者)는 지지(知之) 하고
   부지자(不知者)는 부지(不知에) 하라.
아는 것은 안다 하고 모르는 것은 모른다고 하라.
    지지배배 지지배배 ~ ~ ~

원효는 말한다. 베아리 돕는 바위굴은 염불당을 삼고
새잘 대란의 새들의 노랫소리에 귀를 기울이라. 고...

절망속의 해골

미남 형에다 염불도 잘했다.
사람씩 여신생이나 젊은 여신들이
절 안내를 해 달라고 졸졸 따라 다녔다.
어느날 그가 나에게 말했다.
"스님, 저는 절망속에 해골을 끓어지고
다닙니다. 여신들의 애교에 넘어가지
않기 위해서요."
그후 여러해가 흘렀다.

동대구 역에서 그와 마주쳤다.
양복을 입고 따라를 기른채로…
그의 곁엔 예쁜 젊은 女人이
고개를 다소곳이 숙이고 서 있었다.
"강한 부정은 강한 긍정."
이라는 옛말을 부정 (否定)
혹은 없음을 긍정으로 보여주었다.
(쉴을 듣고 있는이)

박 바가지.

초가지붕 위에 둥그러니 얹이였다.
박달이다. 물을 뿌고 고구마나 감자를
갉는듯 생명(생육)의 세수분 이였다.
하늘로 철렁 보샤 그품이 들어지 않을때쯤
따아 속다. 숲이 나온새 시래를 하면서
둘으로 자른다. 속살은 파내고 끓는물에
푸욱 삶은후 놋과 숟가락으로 껍질을 긁어내고
햇볕에 말린다.

콩죽을 쑬때 다른 큰그릇에 퍼담고 나서
   박바지에 붙어있는 콩죽을 놋과 숟가락을
살살 긁어 먹을때의 그 구수한 맛!
둘이 먹다가 3이 죽어도 물떠.
그런 콩죽을 먼저 맛보다가 식구들에게
    들키게 되느날.
콩죽을 뒤집어 쓰면서 '콩죽 같은 땀이 흐네'.

양품이의 독백(獨白).

시어머니의 시어머니로
부터 전해 말았는 유산품中
하나이다

족보로 따나서 몇이 代(대)
물림의 족한 물품이 되었을때이다.
그래서 황해도 해주에서 서울로,
인천에서 다시 SYDNEY 까지
따라 오게 되었다

플라스틱에게 그 자리를
빼앗긴 양품이의 독백.

" 내 신세가 처량 하다
난 당당하다. 이렇게
책에도 나오고... "

엿장수 가위.

찰싹, 찰싹, 찰싹, 찰싹 ♪♪♬…
  매미가 자지러지게 울고 있는
  괵(古木) 느티나무 아래, 호박엿
장사가 지게를 고이놓고 신나게 가위질을 해댄다.
건너집 간지, 앞집의 양구, 뒷집의
봉창이가 팔방에 선인듯 한데 뒤켠
나와 꽃으로 向한다. 누런 호박엿 판을
바라볼 그네들, 입맛을 못버 쭉쭉 대선
그●들, 뜻다시 집으로 쏜살 같이 달려간다.
사랑방 따룻밑에선 할아버지가 감추는
헌 고무신을, 큰방 벽장속엔 흘머니가
숨겨둔 떠라자락을 흥정지들 붙는다.
  엿장사 가위 소리와 매미의 노래가 더해
울려 퍼지는 한 여름의 산골풍경, 그소릴
심장에 새기면서 세월을 삼켰다.

성화 릴레이 (聖火)
〈性幸〉

번질 마다 맣고
여러번 써버렸다.
지때가 이뭣번 째요
그뒤로도 5번 더있다.
햇빛속에 스며 있는 香
배음덕이다. 긴 왕래의
길에 자비의 구름이 깔렸다
그위에 또 자비로운
말씀을 남길 모양이다.

불일증회 법륜상전
(佛日增輝 法輪常轉)
눈길과 손길, 마음길이 비단 같다

오줌싸개

난 中2때 까지 오줌을 쌌으니 남대면 더 이상할 것일지 없다.
간신 겨울밤 잠들면 배꼬뜬줄 모른다고 펄펄 끓는물을 먹이덕떠니 보니 그 횟수가 더욱더 잦아졌다. 방(房)이 추운사 탓 바지를 입은채로 자다가 보니 그 뒷일이 더 어설프다.
이튿아침 눈을 떠서 또 실례 한줄 알게 되면 흘치끄내 부엌에 나서는 어머니 뒤를 따라 나선다.
어머니의 많은 빈소가 바꾼쪽 반쪽친다. 또또 또...
부엌 앞에서 혼나라고 앉아서 불을 지피면 아랫동네에서 잡이 뚝뚝 부러 나와서 조롱이며 발로 천한 제일 병당(明堂)이다. 일요일에 흐랑께 되면 치를 뒤집어 쓰고 골목길을 나선다. 그곳도 외아들 집에 가서 소금을 얻어와 변소다가 있다.
그집을 찾아나서면 작은 접시에 소금을 담아준다. 뒤돌아 올때 부지땜이로 키등짝을 크게 내리 치면서 다시는 오지 말라고 놀라게 해준다. 그날은 하루종일 소금이 반찬이다. 옛고 지금, 오룡산과 북두 바논편을 (물)번갈아 바라 보면서 오줌싸지 않던 지금의 자신 x도 바라다 본다. 엷은 바닷가 주름에 실려 내 고향을 찾아 나선다. 아아, 옛날이여!!!...

우정

손잡다가 어깨잡고
눈마주 치며
미소(微笑) 짓는다
만나면 호호호(好好好)
헤어질 때 후후후(后后后)
전화(電話)를 걸걸걸.
그런 사이를 친구라고 부른다.

'너만 알아라 해준말 말한다'
그딸이 지껄이면 좀친구이다.

친구(親舊)와 산삼(山參)은
오래 될수록 더 좋다. 그런
친구에게 충고 말을 전한다.

'채우면 채울수록 그 공간이 더 넓어지고
비우면 비울수록 그릇이 더 작아지니
텅빈 충만이여! 색즉시공(色卽是空)이로다.

세필(細筆)

부드러운 붓끝으로 이렇게 작은 글씨를 써나가면서 열중적으로 공부를 한 옛 어른들의 정성에 말문이 막힌다. 붓 글씨를 잘쓰게 되면 마음이 안정도 지혜가 생겨난다. 새 한지 먹을 갈고 황소 힘으로 쓰기에 소평다. 먹을 갈때에 너무 힘을 주게 되면 먹물이 튕기거나 먹이 부숴지는 수가 있다. 황소 힘은 일념이 붓끝까지 내려갈때를 뜻한다.

해인사에 남전(南田) 스님이라는 분이 계셨다. 그분은 70년대 중반에 총무원장을 지낸 광성주 스님의 은사이었다. 글을 잘쓰고 싶었으나 먹도 붓이 없었다. 가야산에 올라가서 취부로를 캤다. 가죽은 먹고 남은 부분은 붓을 만들었다. 특히 내면 홍류동에 빠지거나서 낫물을 먹흥, 반석을 종이 삼아 글씨를 썼다. 수년이 흘러 어느날 스님이 탁발이 되어도 돌아오지 않아서 대중들이 횃불을 들고 스님을 찾아 나섰다. '글이 잘 되었다. 스님인데도 스님 주변이 환하게 밝았다.

일념의 방광(放光)이 소평게 된 것이었다. 그 어른의 글씨가 8만 대장경 전각 입구에 지금도 달려있다.

깨침 도량 하처(O覺 道場 何處)인가? 현금 생사즉시(現今 生死卽是)다. 행복한 삶의 가 그 어느곳인가? 지금 이자리가 바로 그 곳이요.

호박꽃도…

호박꽃도 꽃이다.
 언제 호박꽃도 꽃인가?
하는 조롱섞인 말들이 오간적이 있었다.
열매 中 못생긴것의 대표는 모과요 호박이요
예쁜꽃의 으뜸은 양귀비 이다 모.

호박꽃에도 암,수가 있고 꿀 냄새를 풍긴다.
벌,나비가 찾아오고 수박 만한 열매가 꽃인다.
"꽃시인이 노래 했다."

화무일어 (花無一語) 나 능소접 (能招蝶)
 호박꽃 말이 없으나 벌,나비 모에 들고

유유천사 (柳有千絲) 나 (不繫春) 불게춘 이라
 실버들 천가닥이나 가는 봄을 잡아두지 못한다.

대한무상이요, 화무십일홍이다 (花無十日紅).

원두막 귀신(鬼神)

나는 산곳마다 원두막을 지었다. 아마
원두막 귀신이 따라다녀서 평생에
천묘 농사를 넘게 지었대도 둘쯤 더나올 것이다.
사진은 기념사 북암에서이며 그 이름은 '달맞이'
요. 서운암엔 신선대, 태백산 구마동엔
취선대(취한신선)요 도라천이다. 죽사사 북암
에서도 아담한 원두막을 지어놓고 거기에서 거사
의 안동 향촌소래 연습을 그곳에서 자말간 불렀다.
춘조에 되나도 한국목수를 초청해서 8각정 정자를
지어서 산신과 내련상을 모셨고 불루 마던턴에는
호주식 정자(가제보)를 짓고 상락정이라고
이름을 붙였다. 특히 봉화 소리천에선 가을색
그곳에 올라 북숭아꽃은 붉고 배꽃은 희며 봄물은
푸르더라 =도리천, 그 한 금강정 오대내에 내리는
그럴듯한 분수를 쳐다보면서 고상한척 돌배나무꽃
을 바라보았고 이곳 불루마운틴에서도 상락정이라
는 정자 에서 백운을 바라보면서 깊은 시색에
들떡 옛 사람들의 흉내를 내고 있다. 굳굳을 하거나
원두막 귀신을 쫓아내는 주변 시식을 하지 않고서는 또
무슨 이름의 원두막을 짓게 될지 알수 없는 일이다.

기념(記念)의 영역.

흑백 사진을 바라본다.
숭아대학 졸업 기념이니
1971년도, 55년 전이던
시간이 생각난다. 꼭 더넘고
생존(生存) 이라는 두가지 의식이
겹쳐서 지나간다
또 그 사념(思念)이 人生을
무엇인가? 하는 근원적인 물음을
불어 드린다. 그때
흑백 시대는 무지개 색 color를
남고 지금의 칼라는 활화산의
불안(조중)으로 보여진다. 이 뚜한
착시된 의식의 왜곡 일까?
그래도 난 흑백시대의 품속에 안기고 싶다.

풋사루 (행자설)

통도사 보광전 행자실 풋사루다
밤이름이 취운헌이다. 명족산의
기운이 모인곳이라고 해석해 본다
68년이니 따진다면 57년 전의
일이다. 그 시공(時空)에 대해서
귀동냥 해본 풍월(風月)로
읊조려 본다

얼음속의 그림자 넌 누구인가?
종이에 나타난 그림을 보면서
그때 나 라면서 짓는다.
그때 사실일까? 꽃잎과 그림자
그들이 함께 해서 참나를 놀린다.
종이나 그림, 생각에도 떠나있는 나, 그 나를
보광(지혜광명)에서 만나고
보광전에서 헤어진다.

동자(童子)에게 묻다.

송하문동자(松下問童子)
　언사채약거(言師採藥去)
지재차산중(只在此山中)
운심부지처(雲深不知處)

지혜롭게 살길 바라는 한
　　　중년이 스승될 만한 이를
만나러 그의 수행처(修行處)를
찾아갔다. 그때 그의 제자로 보이지는
동자가 부채를 부치면서 약을
닳이고 있었다. 신사님은 어디에
　　　계십니까?

동자가 답(答)한다.
그분은 약(지혜)을 캐러 가셨는데
구름이 너무 짙어 찾을 길이 없습니다.

밝을 향(向)해 웃지 말라.
구름 같은 부채만 더 피울 뿐이다.

아란야 (阿蘭若)

극락암에 딸린 토굴 이름이다
조용한 곳이란 뜻이라고 했다.

지난해 겨울, 일공, 종천, 현각, 지후 그리고
오재사(토굴지기이) 댓이 겨울 한철을
백설 처럼 보냈다. 조해는 경봉노사 께서
자주 선문에 내려오셨다. 주금 아침 식전이다.
작은 방대를 걸머진 시자와 함께…

그 속엔 인절미, 찰떡, 밥, 갖 등등 어멋이

들어있다. 노사의 방문 사이로 앙칼진 기침
소리로 대신한다. 애헴 애헴 ~ ~ ~ .

숯불에 인절미와 밤들을 올리고 차를 마시면서
큰스님께   말씀을 듣다. 영축산에 높고
깊어 찬바람이 지독하고 낙동강이 길고 길어 말티
재게 흐른다 (靈鷲山 ~ ~ ~) 올라서는길, 지난
소승의 자들을 밟고 비탈길 극락암을 올라간다. 아비앗!
이쯤이 말이라 믿어, 지팡이를 짚은 노사가 엉부레
허리를 쉬곤 젖힌다. 노스님, 힘들어요 힘들어…
하하하하… 동자승의 음성과 노스님의 웃음 소리가 함께
매울려 바람소리와 함께 극락을 향 한다.

가야산 해인사

통도사 자운암에 살면서 해인사에
가서 1년을 정자를 지낸 적이
있었다. 어중간한 사람이
어중간한 제안을 한것이다.

그곳엔 성철 스님을 비롯한 혜암
일타, 종진 스님 등등 꼬짱한 스님들이
많이 계셨다.

가야산은 꽉 찼다.

철 스님의 法力(법력)과
    대장경의 위용(偉容)이
선객(禪客)들과 학인(學人)들의
자긍심을 한껏 끝어 올렸다.

홍류동의 물소리를 업고 너울 너울 춤을
췄던 가야산의 천년소송, 그 솔바람의 기운이
지금도 뒷끝에 안개처럼 어려 있다.

보광전 공양주.

68년 공양주 때이다.
   그때 선원과 강원이 따ㄴ 살림을
살었다. 리어카를 끌고 큰들에 쌀
   실으러 가다가 사줄 건넘 사진사를
만나서 좋작 했다. 난 공양주를 3
철을 했으나 밥을 잘하진 못했다...
   출옹心 때문이었다.

밥이 잘 되려면 몇 가지 조건이
   충족(充足)돼야 한다.
1, 쌀이 좋다. 불어야 되고
2, 물이 좋장 줄것이며
3, 불지음이 한결 같아야(중작은 유험)
4, 뜸드는 시간이 충분 해야 된다.
   지혜로운 人生에 혹한 조건은 ? 딸
石女(석녀)가 生男(생남) 하면 그래야 하
리다

바다.

번데들에 쏟아지는 도구의 일부다.

이웃에 삶내서 무명의 쌀을 꾸어서
낱돌을 얹어 친을 막는다. 애기 옷
부이고, 부엌일 마치고, 애들을 술상 보고

정話써서 번데들에 앉는다.

멸흘 건령사이 되면 빠수가 때문에 엄마
가 되면 상당한 수준에 이른다.

8세, 10세, 11세... 숫자가 놓을수록 실물이
기늘어서 그 자체가 더 좌진다.

손 놀림과 발 움직임이 경쾌이 잘 맞아야
많이 잘수 있다. 우리 어무어는 8세는 10자
10세는 8자 정도 짜냈다 들었다. 큰자가
30, 3cm이니 약(約) 3m 정도이다.

그렇게 해서 옷 바지, 저고리 등을 곤다 깁는다.

고러때 보통 심이 지는 初心(초심)에
나온다. 칠팜 한땀 하지 않고 좋은옷 골라 입고
농사일 호머 옷이 삼식(三食)이 태령한다. 고
양고 먹는 후만바다 고마워 해야된다.

원앙새.

부부(夫婦) 사이가 너무나 좋다고 해서
전통 혼례식 땐 원앙 큰 대접을
받았다. 원앤 둘이 좋다가 한쪽이
먼저 세상 뜨면 한쪽도 따라 나선다고
했다. 사랑과 믿음, 인정과 의리가
   함께 어우러진 아름다운 모습이다.
   사람도 그와 비슷한 친구가 있었다.
백아(伯牙)와 종자기(鍾子期)이다.
   거문고를 잘뜯는 백아가 山 높은 곡조를
  울조러면 종자기는 거기에 맞는 춤을 덩실..
춤었다. 어떤 곡이든 척척 맞춤이었다. 그들은
의형제를 맺고나서 일년뒤에 다시 만나기로
하고 헤어졌다. 일년후 거문고를 메고간 백아,
종자기는 이미 세상을 떠난 뒤였다. 그의 묘
 를 찾은 백아, 거문고를 발로 밟아 버려선
다시는 거문고에 손을 대지 않았다.

자리 바다

방안에 깔개 자리를 만들때에 사용
했던 가장 중요한 부품이다. 우항바다
노변을 꽂아서 자리를 만든다.

긴 대나무 끝을 갈쿠리 처럼 만들어서
꽃에 집고 왕골을 번갈아 넣으면서 내리치면
자리가 된다.

방학(放學)때에 주로 그일을 하게되어
나는 그일이 하기 싫어서 외가(外家)에
가서 한달간 지낸적이 있었다. 갓을 쓰고
두루마기를 입은 할아버지 께서
나를 데리러 사돈집을 방문해서 붙들려
간적도 있었다

옷도, 자리소, 곤 막다리 까지도 모두 현장
에서 마련하다 보니 얼마나 사는것이
            고달펐을까? 그래서 우리   딸이
할머니는 일찍 돌아가 돌아 주는지? 어떤이의 다.
'난 옛고향 애기 할때에 제일 큰 행복감을 느낀다, 고…

꽃과 사시.

한줄기에서 나온 두가지 꽃.
생기 없이 꽃산다고 노래 부르다가
시퍼서 꽃 갈랐다 꽃보기 싫다고
　　　고개를 돌리고 발분을 담는다.
한나음에 두명섬, 어디에서 나왔을까?
　　　꽃집 주인이 물었다.
'꽃을 사가는 이들은 꽃만 보고 사가지만
주인은 죽은 꽃나무 까지 꺼지거도
　　　사랑 한다고.
그렇게 풍치로 사랑 하면서 잊수는 없을까?
　　　조건과 탐욕(貪慾)으로 얼개된
사랑 받는 사랑, 그것은 언제나 미움으로
변색 된다. 　　조건(條件)도
각자(各自)가 다르고 욕심은 더 큰 욕구를
바라는 것이 그 본성(本性)이거에...
적은 욕심으로 만족 할줄 아는 지혜만이
　　된다면...

맷돌

징으로 돌을 때리니 맷돌이 되었다.
구멍을 내고 손잡이를 만들어 불린 콩을
넣고 빙글 빙글 돌린다. 소년은 힘이 들어
고개를 떨군다. 그넘물이 무쇠 솥에
펄펄 끓이다가 간수(소금물 이런것)를
슬슬 휘저어 주면 콩물에서 무엇이 떠란다.
그걸 순두부라 하고 순두부를 눌러서
단단 하게 된것을 두부라고 부른단다.

70년대 초엔 그 반죽이 나오면
학인들이 줌을 쥤고 검사지 되해지면
개죽이 나왔다.

지금은 現金 공양이 제일 이란다.
삼계(三界)가 화택(火宅)이요
육도(六道)가 야단났다.

불난 집에 부채질을 해대고 있는 작금(昨今)
의 사회현상(社會現像)=敎

콩죽 같은 땀이 흐른다. leo.

다리미

붉선 숯불을 담아서 공복
바지, 저고리를 다린다. 그때
한쪽 끝을 힘주어 잡아 주어야 한다
　　어느땐 졸다가 놓치게 되면
숯불이 옷에 쏟아져 옷에 빵구가
난다, 그날은 점심이 없다 ㅡㅡ
　　불이 약해지면 다리미를 들고나가
옷을 더 얹고 부채질을 해댄다.
　　그렇게 다린 한복바지를 입고
또래들과 어울려 뒷동산에 올라가서
소나무 가지를 꺾어서 모래
썰매를 탄다. 망가진 옷때문에 끌밤 ㅇㅇㅇ
아련한 추억 속에 미소가 번진다

나랏 말씀이 중국과는 다르다.

한글 창제 필요성에 나오는
첫번째의 문구이다.

ㄱ, ㄴ, ㄷ, ㄹ, ㅁ......
때에 나온사 지금 배우게 되는
문자 기호다. 그땐 배우기도

힘이 들었는데 그것을 지금 만든 분들은 얼마나
연구(研究)를 많이 했을까?

실로 깊은 사유(思惟)의 시간이 있었을
것이다. 모든 창조의 바탕은 상상이 그
뿌리이서 때문이다. 법고 창신(法古
創新)이라고 했다. 그 무엇이건 그런것을
본받아서 새것을 만든다는 뜻이다. 한글은 무엇을
보고 만들었을까? 이야기 연의 반스크리트
라는 이론(理論)도 있다. 옛것에서 새것이
만들어 지고 중국 글에서 한글이 만들어 질수도
있다. 나이든 사람들을 꼰대 나 라때로 비하
하려는 한국사회의 오늘의 비뚤어진 현상과 꽃
광화문의 고함 소리가 더 커지는 이유 이시도 하다. 끝

天.

우리네는 물건(物件)이다.
진짜와 가짜를 단번에
가름하고 가는것과 버린것을
쉽게 골라낸다.
좋좋 한번 딱 사족를 버릴때 사용하고
얼굴 채는 물채 등을 고를때
이용 한다.
짝퉁이와 말곡, 진짜와 가짜를 그렇게
쉽고 분명(分明)하게 골라
낸듯이
사내곤포 거짓말 장미를 한눈에
알아채는 인간채는 없을까?
욕심(慾心)과 허세(虛勢)
를 줄여라. 그속에서 인간채를
발견(發見)하게 될 것이다.

대뽄바라

담뱃대 끝에 달린 외불이 이름이
대뽄바라 이다.

대나무 속 마디를 뚫어서 나뭇쩐을 물
먹도록 재치있게 길게 만들었다. 그것이 길
수록 양반 이고 서민들은 짧게 만들어야 된다.

대뽄바라에 풍년초 잎담배를 비벼넣고 아랫목
에 앉아서 화로불에 불을 붙인다. 쏘옥 안대고 코
푸는 것이다. 말안듣는 손자에겐 대뽄바라로 따리를
톡톡 때리고 귀여운 손녀에겐 귀에 대고 뽀뽀
소리를 낸다. 호롱불에 담뱃재를 떠는 소리가 들려
오는 긴긴 겨울밤, 호롱불은 가늘게 춤을 춘다.

따구간의 소는 앉아서 졸고 쇠등을 타고 횃대에 오른
닭들은 나무대에서 잔다. 그때에 꼭 리바가 닭싸라
를 내선다. 꼴깍 딱 꼭꼭!!! 담뱃대를 든 할배
가 급해 나온다. 옛 이놈들! 새벽밤이 새야한다.

自然 (자연)

캥가루와 코알라가 좋아 하는
Eucalyptus (유칼립투스) 하는 나무에
꽃들의 혼백이 새겨졌다.

하루中에 23 시간을 잔다는
　　　코알라 좀보, 호주 대륙에만
살면서 복싱을 잘하기로 소문난
　　　캥가루, 그 나무는 일년에
한번씩 껍질이 벗겨 지면서
각자의 문양을 만들어 낸다.
캥가루의 정중 거럼과 코알라의 코는
모습을 그려내고 싶었는지 모를 일이다.
생명, 자연, 혼백 이여 !

「땡땡땡」

학교종이 땡땡땡 어서 모이자
선생님이 우리를 기다리신다
♪♪♪~~…

교을 따라, 종이, 소사, 픈락기, 벤또(도시락)
운동회, 종단 학교, 동대(졸업장외) 등등 등…

꾼임 없이 흐르는 세월의 여울속
그런 것들을 업고 sydney
까지 떠밀려 왔니다.

옛고 지금.
소년과 노승(少年, 老僧)

그 모든 것이 일념(一念) 속의

그림자~~.

태양(太陽)의 운동(運動)에 따라 그림자의
움직임도 덤점 변해지고 있습니다~~.

허물.

6년을 땅속에서
덩굴다가
날개를 달고 날아다니면서
노래를 부르는 생동력을
뽐낸다.

나무에 그 허물을
벗어 두고서...

허공(虚空)에서 소리 친다.

대응(對應) ♪ 대응 ♫
대응 # 대응(對應) 𝄞.

매사에 즐겁게 응하라 ~...,
 그러면
행복(幸福)의 문이 열릴 것이다.

피난표지

현재차변의 경우
　　　피하라는 방향(方向)이다.

화살표 대로면 자제 되면
禍(禍)를 면하게 된단다.
　　삶에서의 어려울땐
어느 방향으로 피하면 좋을까?

'땅에서 넘어진자
　　　　땅을 딛고 일어서라.'고
했다. 살피고 또
살피고 생각하고 또 생각해볼
人生살이의 화살표이다.

石燈 (석등)

석등 속에 초롱불을 켰다.
　　1970년 통도사 극락전 앞에…
그렇게 1편을 불을 켜기로 되었다.
희망(希望), 지혜(智慧),
　　자비(慈悲)의 등불이다.

밤길을 걷는 이에겐 편안한 길잡이,
허기진 이에겐 훈훈한 먹거리,
　병든 이에겐 미소(微笑)의 양약이,
희망을 잃어버린 사람들에겐
　　새 힘의 싹을 키우도록………
………. 이렇게 32가지로 변신
하면서 중생들의 고뇌(苦惱)를 덜어
주시는 관음보살님의 곧 원력(願力)
끈기 닿고 꾸준함을 다해 쉼 없이
　　정진(精進) 하면
　이루지 못할 일이 없나니…

풀솔.

살림에나 부엌, 냉족실을 차지하기전에
사용했었던 풀솔이다. 산에서
자생(自生) 하는 풀 뿌리를 뽑아 말려서
소나무 뿌리 혼 아주자세 묶은면서
손잡이를 만들어서 큰솔을 만든다.
왕겨(쌀겁질) 로 불 부덤을 만들고 그위에
부엌등의 실을 길쎄 늘려 뜨릴때 풀솔질을
한다. 실날을 더 단단하게 홈이 그 목덕(目的)
그걸 베틀에 감아서 짬짬이   이다.
베틀 쳐서 옷을 만들어 입었으니 그 공력이
얼마나 힘 들었을까.
승어들도 그때엔 바느질을 잘했다.
힌눈이 펑펑 쏟아진 오대산 상원사,
그때 버선 줄입(出入)을 전허 못한다.
바느질 할 절들의 찬스다. 지대방(쉬는곳)
에서 너도 나도 바느질을 한다. 족곰 웃도라니
누비 두루마기가 그 대상이다. 바늘 끝에 반족
해서 일녀이 잘된다. 어머니의 공력이 새롭게
느꺼진다. 그때의 강원도의 눈보라가 그립다.

가을.

무대를 체크 하는 도리다.
　　이젠 써써 댄다.
늪에 눈이 왔다.
그뒤에 꽃 뱅이 건몫 나왔다.
시골 장날 할매들이 앉아서 자배운
것들을 들춰 놓는다. 오살풀에
점심을 먹는다.
　　자칭 태백산 도사(道士)
가 있었다. 지리산에서 공부(功夫)를
많이한 선객(禪客)이 있는 소문이
들렸다. 어느 정도(程度) 공부가 깊은가?
　　또 단지 마음먹고 곳을 향했다.
돌이 많았다. 으아아악!!!~~
꽃손이나 되요? 태백산 도사 ???…

쌀 뒤주.

명(命) 줄을 좌우하는 곳, 뒤주.

쌀미(米)자와 없무(无)자가 보인다
속과 용도를 알리려는 뜻이며
　　도난 예방에도　　도움이 되리라.

한홉(나무를 파서 만든 쌀 됫박)으로 쌀의
　　양과 흠결들의 숫자를 체크 하고
누룽지가 생기게 되면 공양주(供養主)
는 밥을 굶어야 했을때였다.
　　줌로 대궐들 사찰(寺刹)에
　　　도인(道人) 나온다.

냄새와 두터운 향기(香氣)를 쫓
깎이지 않는 신발을 신고 다니면
　　도심은 땅에 떨어진다.

일미칠근(一米七斤) 이란. 쌀 한톨의
무게가 일곱근이다. 양식을 존중할때 도도 깊어진다.

숫소의 수염.

숫소 그룹엔 눈과 수염이 특이(特異)하다.
부리 부리한 눈과 덥 수룩한 수염은
지혜총명교 용맹함의 상징이다.
고래엔 유식(唯識)의 대가(大家) 라고
알려 졌던 현장사의 관음(觀音)
노사(老師) 와 지명 법어사느 선승(禪僧)
이라던 효암(曉巖) 스님이 수염을
기르고 있었다.
요즘엔 따라서 수염을 덥게 기름이가 아니
내려온 따라를 선비들이 편사 기르자
도사 행세를 하는이와 딴다른 수염을 기름이가
행세 주심 하는 이를 You tube 에서
가끔 보게 된다. 참으로 꼴불견 이다.
숫다 땅예의 학식를 수염으로 닮아먹고
있지 때문이다.

같은 물이라도 독사가 마시면 독이 되고
소가 먹으면 우유가 된다.

주판(珠板)

계산기 이다. 주산을 잘하려면
 주판알을 잘 튕겨야이 된다고 했다.
계산을 잘해야 된다는 뜻이로라.
 60년대 중엔 은행(銀行)에 들어가면
주판알 움직이는 소리가 따따 딱딱 하는
 소리가 요란하게 들렸다. 특히 여상(女高)
을 나오면서 주산 珠算를 잘 밤게 되면 바로
 유명 은행에서 데려 갔다. 그만큼 계산을
빠르고 정확하게 잘하면 능력자로 연봉 받고
대우도 매우 좋았다. 불가(佛家)의
 선원(禪院)에선 어떠한가? 계산을 잘
하면 지옥에 떨어질 확율이 높았다.

종일수타보(終日數他宝)에
 자무반전분(自無半錢分)이다.

온종일 남의돈 세어주는 은행직원 자기 몸통은
 얼씬 되지 않는다는 뜻이다. 자기마음 살림 계산을
  잘하라는 법문의 메세지 이다.

헛고타.

쌀 죽은 우리 할매
　　시렁 위에 모셔 놓고
삼신(三神) 님으로 모셨던 것이다.
그 속에 무엇이 얼마나 들어 있는지는
　　전혀 모른다.

헝겊이 눈처럼 소복하게 쌓이도록 할때
　손을 대지 않는 지엄(至嚴)한 존재이기
때문이다. 명절(名節)만 되면 그곳에 두
　손을 싹싹 빈다ᅠ. '삼신님요, 삼신님요!
우얘든지 우리아들 탈 없도록 잘 보주시오
객지 생활 탈 없도록 잘 보살펴 주시이소,
또 있다. 큰방 고방엔 용왕단지, 대청 마루 위엔
　　성주판자, 그믐 달엔 영등 할매...

빌고 또 비는 마음, 생명의 안녕을 바라는 그 희망
심은 예나 지금이나 불변이다ᅠ. 나무(NaMo)... 아멘(AMEN)

수감

고려사에 썼던 수라 란다
장군의 것이었나?

금강산도 식후경, 수염이 석자라도…
모든 생명體는 먹어야 산다
　　　　　　(体)

다양한 움직임은 생존(生存)을 위한
가없는 율동이다.

태양, 별, 은하수, 달 등의 무수한 위성들
山, 水, 木, 石, 공기 등등 온갖 존재들.
깊은 통찰로 들여다 함께 놀자
그 모두가 생명의 친구로 아버님의 뜻일 것.

해인 삼매 (海印三昧) 中…
고려에의 수라여! 새롭게 大光明으로 이다

호랑이야 놀자.

단자무심이만물(但自無心於萬物)하면
하방만물상위요(何妨萬物常圍繞)리요?
목우불파 사자후(木牛不怕 獅子吼)하고
흡사목인견화조(恰似木人見花鳥)로다

그 유명한 목암 스님의 십마도 글씨이다
호랑이를 타고 있는 자화상이다.

만물(망상)에 대해서 무심(無心)하면
주변까지가 나대로 방해되지 아니한다.

마치 나무소가 사자후를 겁내지 아니하고
나무로 만든 예인상이 꽃과새(자람)을
감상 하는 것과 같도다.

살기(殺氣)와 두려움이 없게 되면
호랑이가 친구가 된다.
세태가 흉변 하는 번뇌가 바로 보리죽 응용된다.
만물과 본심이룰 덧면으로 이룩한 화상이다.
그것을 어떻게 놀아주들까? 사랑의 눈에 흘이 빠진다

6년간의 침묵(沈默)

딸길 닫고 받길도 끊어진다

한폭에선 평상심은 넘음길을 편안하게
왕래 하게 위함이나 그 길을 걷는이는 누구인가?
그는 바로 나, 이다. '그 나는 또 누구인가?'..
정좌하고 숨 고르며 그 나를 찾아본다.
1년 2년 3,4,5년 그리고 6년, 어렴풋이 그
나의 정체가 드러났다. 모두가 가짜였다
찾는나도, 찾을나도… 도적을 아들로 잘못알고
정성껏 키워 왔으니 안심법은 저절로 나가 떨어다
이른바 인적물자(認賊爲子)다. 저자의 삶은
춥고 배고프다. 그들은 중생(衆生) 이라고 부른다.
진짜나 지치는 듯이 아니다. 지짜가 진짜의 외투를
훔쳐 입고 지내왔기 때문이다. 그 지짜가 사라지니
자리에 평화로운 호목이 맴돌고 사는것이 사뭇 즐겁다
이른바 보살의 세대다. 쌀을 펴내는 도적이 사라지고 참나가
주인이 되었기 때문이다. 근원적인 원인은 무엇이었을까?
원래 없는 가짜 나를 앞세우고 그위에 또다시 분칠을
하라고든다 코를 세우고 눈에 주름을 만들고 보톡스 주사를 맞는다.
그럴수록 속은 더 허전 해진다. 부상의 진탕을 이기지 못해
서이다. 허세에 속지말고 평상교 친해보자. 웃어야 웃음이고 행복이다

은빛대학

반짝이는 조약돌이
　　점점이 모여서 은빛대학이 된다
학달에 은번쩍 마음 모으고
　　손길 거닐사 이분씨 상차럼으로
물어면(物野面)에 은빛미소가
　　넘쳐난다

그 마음 길이 9년으로 이어진다.
그 열정과 랑씨이
빛주노홍 오남보의 상
　　무지개를 떠올라서
물어면에 드리운다.

조약별 회원님들!
고맙습니다, 거룩합니다.
　　그 원력(願力)
봉화에 넘치고 문경산(鳥嶺世)을 넘으소서

차마고도 (茶馬古道)

차가 가죽 주머니에 들었다.
　무슨 차가 얼마나 오래 되었는지
아는 것은 아무것도 없다.

가끔씩 차마고도 란 글자를 읽다보며
　옛길을 상상 한다.

옥도차와 티벹말이 오갔던 그 험악한 산길
삶은 그렇게 고단하고 위태로웠다.

4,000 m가 넘는 고지(高地) 에서는
산다는 야크, 양들도 없더라
잘들 살고 있다. 그런 험한 곳에서
종교 심도 바위처럼 단단 해진다.

그 고도에 길을 닦하는 폭파음이 들리고
멋진 자연의 모습이 더 많아지는
　　보조음이다. 고도(古道) 가
신작로(新作路) 가 되면 그곳에 산짐승들이
울것을 것이다.

연꽃 향기 (香氣)

연꽃! 화사하고 예쁜데
피어나서 보는이가 즐겁다.
험난한 세상 일수록 그 향기
더 찐하게 번죠 (蓮)에게 감탄줌.

어르신 들에겐 화사한 미소로,
길벗들에겐 따뜻한 손길로,
광법사엔 손길과 마음으로.

그 이름, '연꽃 미소회' 이다.

다듬이를 만들고 숨은 자신의 삶의
여력을 향기롭게 만든다.
그때의 자신의 마음이 즐겁고 넉넉하기에 붓을
일념(一念)이 만념(萬念)으로 이어지고
일곱 일체(一大一切)로 회법진리 덕분이다.

'광법 연꽃 미소회원 여러분,
옷깃 다 미고 두손 모아 감사드립니다.

戴口조 기후 Meel.

동심(童心)

쩔쩔이 걸레방이가
        표물을 닦아서
옷   소매가 반질 반질 했을 즈음
    큰 항아리에 따를 내다 박고
'On On 바니로 시험 中 입니다'
    제재기 쉬운 이 큰 장독을
    Sydney 까지 싣고온 까닭은?

할배나의 따뜻했던 큰손, 온감(情感)
을 장독에 담아두고 느껴보고
싶었던 시?

독속에 대려있을 동심의 목소리를
  엿들으면서 세월의 무게를
        달아볼 심산(心算)인가?

⟨불다 가라사되⟩
옛과 지금이 일념(一念)속의 그림자요
한국과 호주가 지척(300m)의 이웃이랬

도반(道伴)

길벗다 만남이를 도반이라 부른다
불도(佛道)의 길
　　인연(因緣)의 만남이다
그 길에서 마주친 초심과 홍안심
신뢰의 징검다리를 놓고
　　저 언덕을 향한다.
때론 바쁜 손길에 물집 생기고
이곳저곳 넘나들다 쿨쩍 만난다.
마주 잡은 손엔 온기 넘치고
　　마주친 두눈엔 미소(微笑)가
고인다. 인정(人情)은
　　물물처럼 심장에 돌고돌아
수련과 시내를 춤나게 오간다.
아아, 도반이여! 사랑이여, 행복의 샘이여!

어무이와 어서나.

1981년 통도사 사운암에 살때이다
모처럼 친척 이웃 내외분과 함께 꽃을
들렀었다. (중간분들) 사운암은
장남(長男)을 출가으로 떠나보낸
부모님의 속 마음도 아팠을 것이다.
못난 사람들이 절에 간다는 그때의 그 동네
분위기 였으니까...

그 뒤를 나의 위치가 생기게 되면서
해인사, 통도사 등의 큰사찰에 친척들이
따라 가게 되면서 부터 부모님의
어깨에 힘이 들어가게 되었다.

보는것 만큼 알게되고 아는것 만큼
당당 해지는듯...

단 1 장뿐인 인연의 끈, 그 끝줄을 잡고
생명의 뒤안길을 두리번 거린다. 어릴때는
어무이요, 삭발 하고는 어서나 라고 불렀다. 어서나
라고 부른 횟수가 채 열손가락을 못 넘긴다.

탄허(吞虛)스님.

어느해 겨울, 월정사 조실채인
방산굴 앞에서 탄허 스님을 뵈었다.
무비(無比), 성파(性坡) 스님이
주석(住錫) 중 화엄경 특강 때였다.
30 여명의 비구, 비구니가 1 달간
수학(修學)을 받았다.

눈송이가 화엄의 꽃이 되어
전나무에 쌓였을 때

우리들은 일주문 앞 눈밭에서 태권대를
벌였다. 화엄의 속내를 심장으로
소비하고… 이치(理)와 현상(事)
도 하나요, 이사와 사사도 융통이라

화엄의 꽃은 3 평짜리 문수의 지혜로
오대산을 덮었다.

졸업장(卒業狀)

1971년 2월, 大학대학 졸업장을
맡아주고 갖들었던 불교전문 강원 (현승가대학)
건물 앞에 앉았다.
25살 때 때였다.
그로부터 55년이란 시간(時間)을
살피면서 여기 까지 왔다.
80이 넘은 노승, 은퇴한 들녘, 해묵은 서러움..
두눈을 내리깜고 인생길을
더듬어 본다
지금 이 시각엔 어떤가?
끝없이 흘러가는 세월의
파랑(波浪) 속에
내 옷자를 쓰고 싶다
'참, 우습다®'

꽃독,

모르면 용답 하다는 말이
만고(萬古)의 참말이다.

위장이 병환때는 참몽즙이 제일이다.
꽃이 돋본 지리산 근처에 가면 그 말을 많이
듣는다. 진주 의곡사에 갔을때 나도 그 말에
흘렸다. 참몽 한 숟가락을 먹고 1 동안 큰
고생(苦生)만 했다. 속히 치료를 받게 되면
꽃효과가 줄어든다니?

꽃과 봄은 자라워서 잠을 잘수가
없다. 귀에 진물이 나서 베개로 쏟
흘러내리게 된다.

그 괴로움, 앓아만 알리라.

중생(衆生)은 진리를 모르는 부지로 인해
삼계(三界)를 넘나들고

꽃써서 생몬은 병(病)을 고치렸다 고생만 했다.
오! 사람이여, 병인가? 약(藥)인가?

233

독초(毒草)의 위력(威力)

산 속엔 약초와 독초가 함께 자라듯
　　사문(沙門)의 마음속도
　　　매한 가지이다.
괴적(怪寂)한 산사(山中)
　　새들의 노래소리가 바람에 실려오고
　　흰구름이 하천에 한가롭게 떠돌때
붉게새 푸시에 약은 같은 데인이 나타난다.
　　스님 에에에 ~~~~~
　　　말 꼬리가 점점 길어진다.
풀새가 사문의 마음이 쿵쾅 거린다.
끌려간 업력(業力).
법력(法力)의 싸,이패다. 1후
다시 만나주지 않으면 독초를 캐 먹고
이 세상을 버리겠다는 쪽지를
인편을 통해 보냈다.
독초가 독초를 먹겠다고 으름장을 놓으니...
　　그 사문은?
큰산은 독초를 약초로 응용 하지만
작은 산은 약초를 독초로 써 버리니...

頂宇 스님.

Sydney.
  한인 회관. (17년전)
광법사 창건 40주년 시념법회때
  법문(法문) 하는 모습이다.
포이동 주동사, 일산 여래사, New York
  원각사 등등
  조심포교와 군(軍)법당, 개척 불사의
  화신이 정우스님. 그 와중에서도
  광법사에 거저 크게 보살펴 준
  큰 원력에 깊은 감사를 드린다.
"부처님 품안, 따뜻한 자리.."
  그 넓은 품으로 광법사 까지 포근하게
  안아준 큰 음덕으로 오늘의 광법사 법당
  에서 마음놓고 목탁치며 기도를 할수 가
  있게 되었으니 재차 두손모아 고마음을
    드린다.

탈(脫)

탈을 쓰면 탈이난다
　그 탈이 그 탈이다.
가면(假面)이 그것이다
낯과 족이 다르고
말과 행동이 엇나면
　그것도 가면이고
　　　탈이 나쁜 가면이다

원흉은 탐욕이 주범이고
　주범(主犯)의 뿌리는
못놂(무지)의 씨앗이다.

그 무지는 어디에서 생겼을까?
　참나에서 나왔다.

참과 가짜는 원래 쌍둥이 사때일뿐
부모(父母)는 원래 같은분이었다.

탈을 벗은 본래면목! 행복의 얼굴이다.

블라다 뜨르와 (러시아유학 인뢰이다.

강법사에 와서
왕(회)과 왕비(초배)가 되었다.
부처님의 아버지가 초이였으니
　불법을 믿으면
　　　초이 될수가 있다.

블라드띠르(男)는 信心이 매우
깊고 성실한 사람이다.
금강경을 독송하고
　도량을 관리 한다.

무거운 것은 자신이 들고
　언제나 미소를 지으니
강법사의 Star다.
왕과 왕비가 된 3들의 장래에
언제나 꽃비가 내리길 기대한다.

에필로그

『꿈속의 인연들』과 『네가 던진 돌 네가 꺼내라』라는 회주 스님의 책을 접하며 '정말 꿈에라도 한 번 뵐 수 있다면 좋겠다.'는 발원을 세웠었다.

작디작은 선업의 씨앗이 있었는지 모를 일이다. 스님께서 멜번에 오신다는 소식을 듣게 되었다. 뛰는 가슴으로 법회 준비를 하고 있었다. 그러나 회주 스님을 기다리는 분들은 내 예상을 훨씬 뛰어넘는 숫자였다. 이국 땅 그것도 멜번의 한국 법당에는 2백여 명의 불자님들이 인산인해를 이루었고, 나 또한 그들 중 한 사람에 불과했다. 그렇다면 어렵사리 온 인연을 꼭 붙잡고 싶었다.

정법사 창립 20주년 행사를 한다는 소식은 낭보 중 낭보였다. 정말이지 앞 다퉈 시드니로 향했다. 정법사와 한인회관을 가득 메운 신도들과 축하객들, 그리고 한국에서 방문한 불자님들의 행렬은 다름 아닌 회주 스님의 수행력을 가늠케 하는 모습이었다. 환희심이 물밀 듯 했고 스님 곁에서 공부하며 살 수 있다면 그만한 복덕이 없겠다는 생각이 세포 구석구석을 채우고 있었다. 멜번에서 시드니를 오가던 내 신심은 어느 샌가 시드니로 삶의 터전을 옮기게 만들었고 일터 역시 신행활동을 가까이서 할 수 있는 곳으로 새 둥지를 튼 것이었다.

진정한 수행자의 향기를 가까이서 맡는다는 것은 청복이라고 했다. 나에게 선물처럼 안겨준 정법사와 회주 스님은 불교에 물들지 않은 아내까지도 불교에 흠뻑 젖게 해 주었고, 아내는 지금 나를 능가하는 신행활동을 이어가고 있다. 거기에 부지불식간에 주어진 신도회장이라는 소임은 늘 큰 옷을 입고 있는 느낌이며 수행으로도, 실천으로도 그리고 역량으로도 부족하다는 생각이 가득하다.

세수 여든을 넘기신 스님께서는 많은 시간을 경을 보거나 책을 읽으시고 글을 쓰며 조용한 일상을 마무리하곤 하신다. 그리고 텃밭에 앉아 풀을 뽑고 전통의 장류를 손수 만드는 일을 마다하지 않으신다.

스님은 말씀이 많지 않으시다. 침묵으로 일관하시는 가운데도 전개되는 상황을 다 간파하신다. 어쩌면 육필로 써내려간 이번 단행본에서도 스님은 '말 없는 가운데 법을 전하시고, 글 없는 가운데 화두를 던지신 것이 아닌가.' 하는 생각이다.

몸소 그리고 중단 없이 수행의 여정에 계신 스님을 곁에서 시봉하는 일만으로도 난 이미 청복을 누리고 있는 중이다.
원고에 등장하는 '시드니의 도반들'에 감히 곁을 빌릴 수 있게 되어 영광이며 감사의 마음 비할 길이 없음이다.
회주 스님과 설우 스님, 그리고 정법사 신도님들께 오래 오래 감사의 마음을 갖고 살고 싶다.

정법사 신도회장 **신성안**

에필로그

납작 웃음 토해내거나, 함박웃음 터져 나오는 순간은 꼭 스님과의 전화 통화 시간이다. 태평양을 건너 오세아니아주 시드니에 살고 계신 스님은 내게 선가의 표현처럼 지음자知音者 같은 분이시다. 수행자의 사표師表로 산 지 오래인 스님에게, 도반 스님들은 진짜 선객이며 뛰어난 강사라고 말씀하신다.

올해는 스님께서 출가하신 지 57년이 되는 해이며 시드니로 가신 지 34년이 되는 해이다. 세수 여든을 훌쩍 넘기신 스님은 이제 한창때의 모습은 아니시다. 그럼에도 40~50년 전 얘기들을 어제 일처럼 들려주신다. 당신 수행의 일면이기도 하다.

스님은 아직도 젊은 날의 통도사를 기억하고 계신다. 그리고 스님은 여전히 그날의 도반들과 함께이시다. 몸을 바꾼 도반은 도반대로, 생존해 안부를 주고받는 몇 안 되는 도반은 또 그대로 수십 년의 세월을 생생하게 소환하시곤 한다.

그런 스님이 오랫만에 글을 써놓고 부르셨다. 내용을 모른 채, 한달음에 시드니로 날아갔다. 스님은 말씀하셨다. "주기적으로 이게 큰 병이래요. 왜 낫지도 않는지 모르겠어."라며 겸연쩍게 머리를 긁으셨다.

그중 「무풍한송」이라는 꼭지는 정법사 후원 창가에서 내 가슴을 먹먹하게 만든 첫 번째 글이었다. '걷던 길을 멈추기 전에 한 번 만났으면 좋겠다.'라는 탁마도반을 그리는 대목에서 나는 그만 목이 메이고 말았다.

스님은 시드니에서 노년을 보내다 그곳에서 회향을 맞이하실 거라고도 하셨다. 스님다운 말씀이시다. 굳이 고국땅이라고 하여 돌아와 '섣달그믐'을 맞지 않으실 거라는 말씀이셨다.

언젠가는 저토록 가녀린 몸을 다른 몸으로 바꾸실 스님, 언젠가는 또다시 영축산의 주인으로 나투실 스님을 눈 반짝이며 '흠모'하는 중생들에게 아무렇지 않은 듯 연서戀書를 남기시는 것 일 게다. 그 흠모의 중생들 속에 내가 있음이 참 기막히게 감사하다.

맑은소리맑은나라 대표 **김윤희**

Sydney의 도반들
©2025 기후

초판 1쇄 인쇄 2025년 4월 1일
초판 1쇄 발행 2025년 4월 30일

지은이 기후

펴낸이 김윤희
디자인 방혜영

펴낸곳 맑은소리맑은나라
주소 부산광역시 수영구 좌수영로 125번길 14-3 (올리브 센터 2층)
전화 051-255-0263   팩스 051-255-0953
이메일 puremind-ms@hanmail.net
출판등록 2000년 7월 10일 제 02-01-295 호

ISBN 979-11-93385-13-5 03810   값 20,000원

저작권 법에 따라 이 책의 내용 중 어떤 것도 무단 복제와 배포할 수 없으며,
내용의 일부 또는 전부를 재사용하려면 반드시 맑은소리맑은나라 동의를 얻어야 합니다.